Aus spitzem Winkel

Marcel Reif

Aus spitzem Winkel

Fußballreporter aus Leidenschaft

Mit Christoph Biermann

Kiepenheuer & Witsch

1. Auflage 2004

Umschlaggestaltung: Rudolf Linn, Köln
Umschlagfoto: © Martin Steffen
Fotos Innenteil: privat, außer Foto S. 160 © Josef H. Darchinger
Gesetzt aus der Stempel Garamond
Satz: Greiner & Reichel, Köln
Druck und Bindung: GGP Media, Pößneck
ISBN 3-462-03373-5

Für Jan, Tim und Nic
»… hold your head up high …«

Inhalt

1 Fahrt ins Glück

Endlich darf ich vorn sitzen. »Papa, schneller. Bitte, schneller!« Die Sonne scheint, der Fahrtwind ist warm. Ich fliege die Häuser und die Bäume der Allee entlang. Es ist ein weiter Weg durch die Straßen von Warschau, aber mir kann nichts passieren. Vor mir ist der große Tank des Motorrads und hinter mir mein Vater. Hier bin ich sicher und endlich glücklich. Bislang habe ich hinter Papa sitzen müssen, wenn ich auf seiner BMW mitgefahren bin. Ins Kino, um einen Kinderfilm anzuschauen. Zum Friseur, wo es zur Belohnung für die Tortur des Haareschneidens Kakao gab. Dass ich mich doch bloß festzuhalten brauche, hat er gesagt. »Aber wie denn, ich bin doch erst fünf Jahre alt, Papa?«

Immer hatte ich Angst, während der Fahrt den Halt zu verlieren, herunterzufallen und am Straßenrand liegen zu bleiben. Doch jetzt ist es anders. Zum ersten Mal. Es ist ein Gefühl, so schön, wie laufen lernen. Jetzt habe ich meinen Vater im Rücken und ihn ganz für mich. Hier darf meine kleine Schwester mit ihren blonden Löckchen nicht dabei sein. Papa und ich fahren auf dem Motorrad zum Fußball.

Er ist Fußballfan und geht am Wochenende oft ins Stadion, um sich Spiele anzuschauen. Von dem Klub, der später Legia Warschau heißen wird, hat er mir schon viel erzählt. Der Centralny Wojskowy Klub Sportowy Warszawa ist der Klub der polnischen Armee. Die Mannschaft ist gut, eine der besten in Polen. Der legendäre Edward Szymkowiak steht im Tor, und der kleine Lucjan Brychczy ist Spielmacher im Mittelfeld. In Polen kennt sie jeder, wie Toni Turek oder Fritz Walter in Deutschland.

Als wir am Stadion ankommen, bin ich fiebrig vor Auf-

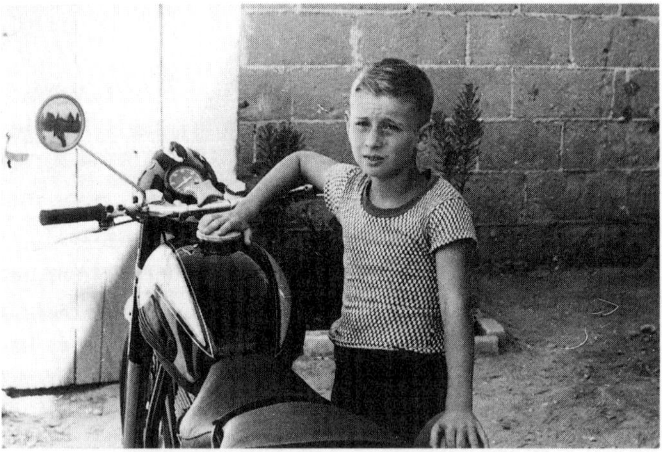

»Papa, darf ich vorne sitzen?« Mit Vaters Motorrad 1954

regung. Die Fahrt auf dem Motorrad war wunderbar, aber nur der Anfang. Alles ist voller Menschen, die zu ihren Plätzen drängeln. Auf dem Weg vom Kassenhäuschen zur Tribüne werden wir plötzlich angehalten. Für ein paar Minuten müssen die Zuschauer an den Holzbohlen stoppen, die zwischen dem Nebenplatz und dem Stadion verlegt sind. Ich stehe vorn, gleich in der ersten Reihe, und kann zuerst nur das Geklapper der Stollen auf dem Holz hören. Dann kommt als erster Spieler Szymkowiak vom Aufwärmen zurück. Ich schaue an ihm hoch. Szymkowiak wirkt riesig in seinem schwarzen Torhüterdress an diesem Sommertag des Jahres 1954 im Stadion Armija von Warschau. So beeindruckend groß werde ich keinen anderen Fußballspieler mehr erleben, weder in München noch in Madrid, Manchester oder Turin. Später werde ich noch oft die Stollen hören und dann Zidane sehen, Maradona, Beckham und Platini, Ronaldo und van Basten, Baggio und Matthäus. Ich werde mich von ihrer Aura anwehen lassen, aber nie mehr wird es sein wie bei diesem, meinem ersten Mal, als Edward Szymkowiak an mir vorbei in die Kabine ging.

Legia spielt in Rot und Weiß, das sind die Farben Polens und die der Armee. Sie spielen gegen eine Mannschaft in blauen Trikots, blauen Hosen und blauen Stutzen. Nach wenigen Minuten wird Szymkowiak von einem der gegnerischen Stürmer am Kopf getroffen und bleibt benommen liegen. Meine Sorge um ihn ist grenzenlos. Ich weiß ja nicht, dass ihm nur für einen Moment die Luft weggeblieben ist. »Steh auf, bitte steh auf!« Die Erleichterung ist unendlich, als er sich endlich wieder ins Tor stellt.

In der Halbzeitpause wird über die Stadionlautsprecher »Brazil« gespielt. Es ist der Soundtrack zu meinem Eintritt in eine neue Welt, die noch voller Geheimnisse ist, mich aber nie mehr loslassen wird. Beim Fußball ist es schön, Seite an Seite mit meinem Vater, der unaufgeregt dem Spiel zuschaut. Ich glaube, zwischen CWKS und der Mannschaft ganz in Blau geht es 2:2 aus. Doch das Ergebnis spielt keine Rolle mehr, Szymkowiak hat sich erhoben und kann weitermachen in dem Spiel, wo alles anfängt.

2 Die große Reise

Das Motorrad meines Vaters wurde in eine große Kiste verstaut, als ich sechs Jahre alt war. Es wurde für eine Reise transportfertig gemacht, unter deren Ziel ich mir nichts vorstellen konnte. Meine Eltern hatten mir erklärt, Israel sei ein anderes Land. Man spreche dort eine andere Sprache als in Polen. Aber wie mochte es in diesem Israel aussehen? Würde es dort kalt sein oder warm? Würde ich andere Kinder kennen lernen, die mit mir spielen? Mir war nur klar, dass es eine andere Reise werden würde als die zur Großmutter nach Schlesien. Denn wir packten nicht nur Koffer, sondern auch die BMW ein.

Mein Vater hatte in Warschau fürs russische Militär gearbeitet und einige Geschäfte geleitet, in denen nur Offiziere der Roten Armee einkaufen durften. So waren wir auch an unsere Wohnung im Stadtteil Muranov gekommen, in dem 1956 viele russische und polnische Militärs lebten. Das Mahnmal, an dem Willy Brandt 14 Jahre später zum Gedenken an die Opfer des Aufstands im Warschauer Ghetto niederknien wird, war nicht weit entfernt. In der Nähe gab es einen Park und vis-à-vis ein Kloster, in dem noch einige alte Nonnen lebten. Eigentlich war es ein schöner Teil der Stadt, denn Warschau war während des Zweiten Weltkriegs stark zerstört und viele Gebäude noch nicht wieder aufgebaut worden. Unser Wohnblock hingegen war nach dem Krieg neu errichtet worden und an russischen Vorbildern orientiert. Er bildete ein geschlossenes Carré, im Innenhof waren Bäume und ein Spielplatz für die Kinder, im Untergeschoss ringsherum Geschäfte.

1996 kehrte ich nach vierzig Jahren zum ersten Mal dorthin zurück. Es war ein seltsames Gefühl, dem Taxifahrer auf Polnisch zu sagen: »Fahren Sie bitte zu Wolnosz 2«, und als ich ausstieg, war es enttäuschend. Der Block war einer wie viele in Warschau und mit vier Stockwerken nicht sonderlich hoch. Ich sah die Kellerfenster auf Höhe des Bürgersteigs, die ich damals in einem Anfall von frühkindlichem Vandalismus eingetreten hatte. Auch die Teppichstange war noch da, über die hinweg ich mir mit einem meiner Kinderfreunde einen schweren Stein zugeworfen hatte. Wundersamerweise hatten wir uns dabei weder die Arme gebrochen noch den Schädel eingeschlagen. Ich erinnerte mich plötzlich an den Geruch der Brötchen, die mein Vater hier an Feiertagen gebacken hatte. Aber nichts war so groß und schön, wie ich es in Erinnerung gehabt hatte.

Meine Eltern waren nach Warschau gezogen, als ich drei Jahre alt war. In Waldenburg, dem heutigen Walbrzych, wo ich geboren wurde, hatte mein Vater zusammen mit einem Freund vorher ein Geschäft für Stoffe geführt. Wie Brüssel einst berühmt war für seine Spitzen, wurden damals in der Region um Lodz die besten Stoffe in Polen gemacht. Leon Reif war ein talentierter Geschäftsmann und hatte als Jugendlicher schon seinem Vater über die Schulter geschaut, der in Lemberg eine kleine Möbelfabrik betrieb.

Den Job bei der russischen Armee in Warschau hatte mein Vater bekommen, weil er Russisch sprach. Selbst neun Jahre nach Kriegsende verschaffte uns diese Arbeit noch viele Vorteile. Oft konnte mein Vater für uns Dinge besorgen, die angesichts der noch immer knappen Versorgungslage sonst nur schwer zu beschaffen waren; ohne seine Kontakte hätte er auch nie das Motorrad kaufen können. Trotzdem fühlten sich meine Eltern nicht richtig wohl. Mein Vater sorgte sich als Jude wegen der gerade wieder aufbrechenden antisemitischen Stimmung in Polen. Noch energischer drängte meine Mutter darauf, das Land zu verlassen. Sie selbst sprach zwar Polnisch und Deutsch, aber ihre Mutter und Großmutter beherrschten fast nur Deutsch und fühlten sich als Teil der deutschen Minderheit, die noch in Schlesien geblieben war, nicht wirklich sicher. Meine Mutter hatte auch Angst davor, dass wir Kinder auf der Straße Deutsch sprechen würden. Das war verboten und hätte Repressionen nach sich gezogen. Außerdem schrieben uns die Verwandten aus

Überfahrt von Neapel nach Haifa: Lucie und Leon Reif mit Eva und Marcel

Deutschland häufig, wie viel besser und leichter es sich dort leben lasse.

So hatten meine Eltern die Übersiedlung nach Deutschland beschlossen, wozu jedoch ein Zwischenschritt nötig war. Für meinen Vater, der aus dem damals sowjetrussischen Lemberg stammte und keine deutschen Vorfahren nachweisen konnte, wäre der Weg nach Deutschland schwierig gewesen. Das galt auch für meine Mutter, die zwar deutschstämmig war, 1926 aber zu einer Zeit in Schlesien geboren wurde, als es zu Polen gehörte, und somit nur einen polnischen Pass hatte. Wahrscheinlich hätten wir sehr lange warten müssen, vielleicht wäre uns die Emigration auch ganz verweigert worden. Das aber galt mit einem jüdischen Familienoberhaupt nicht für die Ausreise nach Israel. Und von dort wiederum war es einfacher, nach Deutschland zu kommen. Während sich also meine Groß- und meine Urgroßmutter im Frühjahr 1956 auf den direkten Weg machten, nahmen wir den Umweg über Israel.

Mit dem Zug fuhren wir von Warschau nach Neapel, wo ich zum ersten Mal das Meer sah. Die eindrücklichste Erinnerung ist jedoch keine an tutende Schiffe oder den Geschmack von Salz in der Luft. Vor Augen habe ich ein riesiges Bonbonglas voller Kugelschreiber. Solchen Überfluss hatte ich noch nie gesehen. War sie das, unsere neue Welt? Mein Vater kaufte mir einen Kugelschreiber und bereute das Geschenk schon bald. Während der Überfahrt geriet ich nämlich unter Mordverdacht, als meine kleine Schwester verschwunden war. Das ganze Schiff wurde nach ihr abgesucht, doch sie war nicht da. Hatte der eifersüchtige Bruder die Gunst der Reise genutzt, um seine kleine Rivalin ins Meer zu stoßen, um nie mehr mit ihr um die Aufmerksamkeit der Eltern konkurrieren zu müssen?

Ich war zwar unschuldig, wurde aber eindringlich vernommen, bis man Eva unter der Persenning eines Rettungsbootes fand, wo sie, von allen Rufen der Suchtrupps unbeeindruckt, friedlich spielte.

In Haifa gelandet, wohnten wir für ein paar Tage bei einem Bekannten meines Vaters und kamen dann nach Acco. Der Ort an der Küste war im Altertum eine bedeutende römische Siedlung gewesen, mittlerweile aber ein staubiger Flecken in der Mitte von Nirgendwo. Dort hatte die israelische Regierung eine Art Übergangslager für Neuankömmlinge eingerichtet. Die schlichten Wohnbaracken aus Holz sahen aus wie heute die Siedlungen zionistischer Juden. Unser Lager war ganz nah am Meer, hatte aber nichts von einer Sommerfrische. Es war steinig, unsäglich heiß und hatte mit dem roten Sand etwas von einem Vorposten auf dem Mars.

Für die ersten Tage bekamen wir einen Karton mit Lebensmitteln, in dem eine Sorte Kaugummi steckte, die es heute noch gibt. Es ist rosa und so dünn, dass es bricht, wenn man hineinbeißt. Wenn ich es heute kaue, bin ich jedes Mal wieder ein kleiner Junge von sechseinhalb Jahren, der im Übergangslager in Israel auf den Umzug in eine eigene Wohnung wartet. Die fanden wir nach wenigen Wochen im Altstadtviertel von Tel Aviv, im Haus eines alten Schusters, der Haskel hieß. Sein Name fiel in unserer Familie später noch oft, obwohl er kein Verwandter, Freund oder Bekannter war, sondern nur der Vermieter. Doch offensichtlich war sein Haus ein wichtiger Umschlagplatz im Leben unserer Familie. Vielleicht lag es daran, dass es uns dort so fremd vorkam. Die enge Gasse war orientalisch, die Hauswände weiß getüncht, und es gab kühle, dunkle Räume, deren Fenster wegen der Hitze nie geöffnet wurden. Im kleinen Innenhof hielt der Schuster

Der Hof der geköpften Hühner, Rückkehr nach Tel Aviv

Hühner, von denen er hin und wieder eines köpfte. Relativ ungerührt schaute ich zu, wenn sie ohne Kopf noch ein Stück liefen und dann zum letzten Mal flatterten.

Ganz in der Nähe gab es einen Krämerladen, in dessen chaotischem Durcheinander es scheinbar alles und noch mehr gab. Es roch nach Gebäck, Seifenflocken, Bonbons, Putzmitteln, Kaugummi und Gewürzen. Dort stand ich, glücklich, wenn meine Mutter einkaufen ging, und sog die Aromen tief ein. So musste es im Himmel riechen, Wärme und Überfülle. Wenn es mir heute einmal schlecht geht, würde ich am liebsten eine Dose voll dieses Duftes öffnen. In diesem Laden gab es Schulhefte, zu denen ich ein besonderes Verhältnis entwickelte. Waren sie zur Hälfte voll geschrieben, sahen sie nicht mehr schön aus und hatten irgendwo ein Eselsohr. Das gefiel mir nicht. Aber weil sie teuer waren, musste ich sie erst ganz voll schreiben, bevor ich ein neues bekam. Und das war immer ein wunderbarer Moment: ein neues, sauberes Heft aufschlagen und darin schreiben zu dürfen.

Nur, was habe ich da geschrieben? Aus Warschau brachte ich die bescheidene Vorbildung von drei Monaten in der ersten Klasse mit, und hier standen die so schönen wie exotischen Buchstaben des hebräischen Alphabets auf der Tafel. Meine Mutter hatte mich auf der Grundschule angemeldet, aber dort ging es nicht lange gut. Ich war doppelt verloren. Ich kam aus einem weit entfernten Land und sprach eine fremde Sprache. Das allein war jedoch nicht das Problem, denn Israel war das Land, in das Juden aus aller Welt kommen konnten, ohne auch nur ein Wort Hebräisch zu kennen. Doch ich war nicht Jude wie mein Vater, sondern katholisch getauft wie meine Mutter. In der Schule muss ich bald so sehr gehänselt worden sein, dass ich in ein Internat belgischer Mönche nach Jaffa verlegt wurde. Dort holte mich an jedem Freitagvormittag mein Vater mit dem Motorrad ab, und wir gingen zum Falaffelstand vor dem Tor des Klosters.

Falaffel stammen ursprünglich aus dem Jemen, sind aber im arabischen Raum eine sehr verbreitete Speise. Dazu werden Bällchen aus Kichererbsenteig frittiert und mit Salaten oder Saucen in Teigtaschen gesteckt. Das esse ich noch heute überall auf der Welt, weil ich den Geschmack suche, der sich damals festgesetzt hat. Doch nie mehr habe ich ihn in dieser Form wiedergefunden, von einem Mal abgesehen. Als ich 1971 meine Cousine Ella in Israel besuchte, wünschte ich mir ebenfalls Falaffel. Sie nahm mich mit in einen Laden, zu dem die ganze Stadt pilgerte, und dort schmeckte es genau so, wie ich es von den Freitagen mit meinem Vater in Erinnerung habe.

Neben dem Falaffelstand am Klostertor war noch einer mit Sabres. Die Früchte dieser Kaktee sind sehr stachelig und können wie Austern nur mit einem Handschuh geöffnet werden, drinnen aber ist ein unglaublich süßes, wohlschmeckendes Fruchtfleisch. Sabres nennt man die in Israel geborenen Menschen, außen sollen sie genauso hart sein wie innen weich. Wie genau ich mich an den Geschmack von Falaffel und Sabres erinnere, so komplett ist die Erinnerung an das verloren, was zwischen den Freitagen passierte. Den Schlafsaal sehe ich noch in vagen Umrissen, doch alle anderen Bilder und Erinnerungen sind verschwunden, ausgelöscht oder tief in mir begraben. Wie kann es sein, dass ich den Geschmack eines Kaugummis im Übergangslager noch Jahrzehnte später im Mund habe und wie es mit meinem Vater am Falaffelstand war, mich aber nicht einmal erinnern kann, ob ich bei den belgischen Mönchen Französisch oder gar Flämisch lernte? Ich weiß auch nur aus späteren Erzählungen, dass mein Vater jeden

Tag vorbeikam, um mich in der großen Pause zu waschen und in saubere Sachen zu stecken. An dieser Stelle gähnt ein tiefes, schwarzes Loch, und ich vermute, dass dort viel Schmerz verborgen ist. Meine Mutter erzählt gern, dass ich als Kleinkind eher ängstlich und anhänglich gewesen sei. Nun fand ich mich in einem Land wieder, wo man mir erst zu verstehen gab, dass ich dort nicht richtig sei, um dann hinter Klostermauern zu verschwinden. Wahrscheinlich eine traumatische Erfahrung.

Trotzdem fügte ich mich ein, wie ich es auch sonst tat. Meine Mutter sagt, dass sie mich in Tel Aviv aus dem Küchenfenster mit anderen Kindern hat Hebräisch sprechen hören. Aber konnte ich es wirklich? Geblieben davon ist nur, dass ich bis zehn zählen kann, aber nur am Stück. Schon aus dem Stand zu sagen, was sieben auf Hebräisch heißt, würde mir nicht gelingen.

Wir blieben ein halbes Jahr in Israel. Im September 1957 bekamen wir eine Passage nach Genua, und diesmal blieb das Motorrad zurück. Mein Vater verkaufte es, um die Überfahrt zu bezahlen und für Deutschland über ein kleines Startguthaben zu verfügen. So verließen wir die kleine Gasse in Tel Aviv mit den weiß getünchten Häusern. Schuster Haskel habe ich bei meinem Besuch Anfang der siebziger Jahre mit meiner Cousine Ella noch einmal gesehen. Wir schauten in die Schusterwerkstatt mit der tiefen Decke hinein, und ganz hinten saß auf einem Schemel ein steinaltes Männlein. Haskel schaute hoch und sagte nur: »Ewa!« Ella sieht meiner Schwester Eva durchaus ähnlich. Er fragte nicht, wer wir seien oder was wir wollten. Er sagte nur den Namen meiner Schwester, 15 Jahre nachdem wir Israel verlassen hatten und meine Schwester gerade vier Jahre alt gewesen war. Dann schaute er mich an und sagte: »Und das ist der Bruder.« Das seltsame Band zwischen unserer Familie und dem alten Schuster Haskel bestand wohl in beiden Richtungen.

Wir fuhren nach Italien wieder mit dem Schiff, und auf dem deutschen Konsulat in Genua beantragte meine Mutter ein Visum für die Bundesrepublik. Als Eintrittskarte hatte sie ein Dokument, dass meine Groß- und Urgroßmutter schon im Aussiedlerlager in Deutschland angekommen waren. Später in Kaiserslautern, als wir dort unsere erste Wohnung bezogen, musste sie die Beamten aber noch überzeugen, dass sie tatsächlich deutschstämmig war. Ihr Mädchenname Miranowitz klang nicht wirklich so, also musste sie erzählen, welche deutsche Zeitung sie zu polnischen Zeiten gelesen hatte.

3 Sprechen als Überlebensmittel

Bis heute bekommt meine Mutter sofort einen lang anhaltenden Lachkrampf, wenn man ihr eine bestimmte Frage stellt: »Wie war das eigentlich damals mit der Zitruspresse?« Wir waren 1957 gerade in Kaiserslautern angekommen. Der Haushalt hatte etwas von einem Amazonen-Camp: vier Generationen unter einem Dach, alle weiblich und alle aus einer Linie – meine Schwester, meine Mutter, meine Großmutter, meine Urgroßmutter. Mir ist das nie negativ aufgefallen damals, aber wie hat das mein Vater ausgehalten?

Normalerweise warteten Mutter und Großmutter zu Hause, wenn ich aus der Schule kam. Das Mittagessen war fertig, und wir konnten in Ruhe essen. Doch an jenem Tag war nur meine Urgroßmutter da und vom Mittagessen nichts zu sehen. Die Urgroßmutter, klein, hutzelig, unheimlich liebenswert und Ommele genannt, war tief besorgt. »Ich weiß nicht, wo die sind«, sagte sie, »das gibt's doch überhaupt nicht.« Also stellte sich die alte Frau an den Herd. Still aßen wir und fragten uns, was wohl passiert sei, als die beiden zurückkamen und vor lauter Kichern und Lachen nur Stück um Stück ihre Geschichte erzählen konnten. Eine Bekannte hatte ihnen nämlich von einer Verkaufsveranstaltung erzählt, an deren Ende jeder Besucher eine Zitruspresse mit nach Hause nehmen könne. Brav hatten sie also den ganzen Vormittag über bis in den Nachmittag hinein dort gesessen und auf den vermeintlich luxuriösen elektrischen Entsafter gewartet. Und was hatten sie bekommen? Eine dieser lächerlichen, kleinen Plastikpressen, wie selbst wir sie damals schon hatten. Es würde also auch im goldenen Westen nicht wirklich etwas geschenkt geben.

Meine Großmutter und Urgroßmutter hatten wir nach unserer Ankunft aus Israel in einem Auffanglager im Wendland bei Hamburg wiedergetroffen. Wir waren dort zunächst in einer Turnhalle einquartiert worden, wo unser kleines Stück Privatsphäre nur durch schwarze Tücher abgeteilt war, wie man es heute kennt, wenn Opfer von Naturkatastrophen provisorisch untergebracht werden. Es muss kurz vor Weihnachten gewesen sein, als wir dort ankamen, jedenfalls bekam ich ein Geschenk von der Lagerleitung. Es war eine Schaffnermütze aus Pappe und eine Kelle mit rotem und grünem Punkt, wie sie früher auf Bahnsteigen beim Abfahren der Züge hochgehalten wurden. Auch wenn die Erinnerung daran nur ein Fragment ist, hat sie ein starkes Echo von Verlorenheit.

Unsere Reise von Warschau nach Kaiserslautern hatte fast ein Jahr gedauert, und das Wendland war nicht der letzte Zwischenstopp auf dem Weg in die Pfalz. Vorher ging es noch nach Hilden bei Düsseldorf, wo eine Tante meiner Mutter wohnte und uns für einige Wochen aufnahm. Mein Vater war in dieser Zeit nicht bei uns, er suchte eine Wohnung in Kaiserslautern; Bekannte konnten ihm dort einen Job besorgen.

Zunächst hausten wir in Kaiserslautern auf anderthalb Zimmern über einer Bar, und nachts konnte ich hören, wie sich meine Eltern darüber unterhielten, wie es weitergehen sollte. Das beunruhigte mich, vielleicht auch deshalb, weil die beiden damals selbst nicht genau wussten, wie wir eigentlich durchkommen sollten. Doch relativ bald fassten wir Tritt, meine Eltern bekamen schnell geregelte Verhältnisse hin. So zogen wir in die Richard-Wagner-Straße in eine größere Wohnung, wo wir mit Großmutter und Urgroßmutter zusammenlebten. Einfach war es mit Sicherheit nicht, aber mein Vater arbeitete, was, wo und so viel es ging, vor allem als Geschäftsführer von Lokalen und Nachtbars, in denen amerikanische Soldaten verkehrten.

Dann kam Fastnacht, und ich hatte mich für Cowboy entschieden. Ich bekam einen Blechstern, eine Plastikweste, einen Hut aus schwarzer Pappe und einen Spielzeugcolt. Es fehlten nur noch die Cowboystiefel. Über seine Kontakte zu Amerikanern konnte mein Vater in einem PX-Shop einkaufen, wo eigentlich nur Angehörige der US Army Zutritt hatten. Von dort brachte er mir Stiefel mit, die kleinsten, die es gab – aber die waren vier Nummern zu groß. Ich war so enttäuscht, wie es nur Kinder sein können. Vater hatte sein Bestes gegeben, viel später erst habe ich schätzen gelernt, wie oft und wie sehr. Ein Gefühl von Mangel habe ich nie empfunden, das deutsche Wirtschaftswunder wurde bei uns bald nachgeholt, erkennbar an unserem ersten Auto, einem wunderschönen schwarzen Borgward.

Für Kinder jedoch sind andere Fragen wichtiger als die, was man hat oder nicht, von ein paar Murmeln vielleicht abgesehen. Erst in Kaiserslautern, mit nun sieben Jahren, begann ich, richtig Deutsch zu lernen. In Polen hatten wir zu Hause Polnisch gesprochen, mit der Großmutter und Urgroßmutter während der Ferien in Schlesien zwar Deutsch, aber mit schwerem schlesischem Zungenschlag. Mein Vater sprach gelegentlich Jiddisch, und in Israel war noch ein wenig Hebräisch dazugekommen.

Noch heute leide ich übertrieben darunter, in ein Land zu kommen, wo ich mich nicht verständigen kann. Niemand erwartet von mir, dass ich Japanisch spreche oder Koreanisch, wie bei der letzten Weltmeisterschaft. Aber es verunsichert mich mehr als nötig, wenn ich keine gemeinsame Sprache mit den Menschen um mich herum finden kann. Dieses Gefühl stammt aus der Zeit, als wir von Polen über Israel nach Deutschland unterwegs waren. Die Sprache nicht sprechen zu können bedeutete, nicht dazuzugehören, wie ich in Israel schmerzlich erfahren hatte. Kinder erleiden das viel intensiver. Sie können nicht mit den anderen Kindern spielen oder nur sehr eingeschränkt, als Außenseiter und nicht richtig eingebunden.

Sehen wir mal von Englisch ab, beherrsche ich keine Fremdsprache wie meine eigene. Aber noch heute verstehe ich Polnisch und Jiddisch ordentlich. Französisch habe ich in der Schule gelernt und Italienisch ohne einen Sprachkurs, weil ich häufig in Italien gewesen bin. Seit 1996 lebe ich in Zürich und bekomme freundliche Komplimente dafür, passabel Schwyzerdütsch zu parlieren. Mit einer Viertelstunde Eingewöhnungszeit verstehe ich wieder den schweren schottischen Akzent, der dem Englischen schon sehr fern ist. Und geht es um regionale Einfärbungen der deutschen Sprache, kann ich neben Pfälzisch auch mein kölsches Idiom aktivieren oder mein Hessisch aus Wiesbadener Zeiten.

Vielleicht verfüge ich über ein Talent in diesen Dingen, wie es andere für Zahlen oder naturwissenschaftliche Zusammenhänge haben. Die Energie, unbedingt mitsprechen zu wollen, stammt jedoch aus der Zeit, bis wir in Kaiserslautern wirklich angekommen waren. Damals habe ich gelernt, dass ich erst dann meinen Platz finden und mich zu Hause fühlen kann, wenn ich so zu sprechen in der Lage bin wie alle anderen. Von daher ist es für mich nicht verwunderlich, dass ich bis heute größte Aufmerksamkeit für Sprache habe und mit Sprechen mein Geld verdiene. Es ist mein Überlebensmittel.

Als wir nach Kaiserslautern kamen, meldete mich meine Mutter in der Volksschule an. Ich war ein wenig in Warschau zur Schule gegangen, bei den Patern in Israel, aber hier musste ich wieder von vorn anfangen, in meinem achten Lebensjahr unter Sechsjährigen in der ersten Klasse. Nach einigen Wochen wurde meine Mutter zum Lehrer gebeten, und er schlug vor, dass ich die Klasse sogar noch einmal wiederholen sollte, um ein solides Fundament beim Schreiben und Sprechen zu bekommen. Damit hätte ich die erste Klasse dreimal absolviert. Meine Mutter willigte ein, aber ich habe sehr schnell aufgeholt. Als das Schuljahr wenige Monate später zu Ende ging, wurde ich doch versetzt, und zwar gleich in die meinem Alter angemessene dritte Klasse. Der Wunsch, sprechen und schreiben zu können, hatte ungeahnte Kräfte freigesetzt. Lehrer Decker meinte später, als sich unsere Wege trennten: »Der Junge schreibt prima Aufsätze, aus dem wird mal ein Journalist.«

4 Ritter im weinroten Trikot

Ich weiß nicht, von wem die Initiative ausging. Meine Mutter erzählt zwar, dass ich unbedingt in einen Fußballverein wollte, aber wahrscheinlich hatte sie sich gefragt, wie man das kleine Elend von sieben Jahren am besten in seine neue Heimat integrieren könne. Offensichtlich begriff sie sofort: Kommst du nach Kaiserslautern, geh zum FCK. Jedenfalls waren wir kaum da, als sie mich schon beim 1. FC Kaiserslautern anmeldete, obwohl es für Fußballspieler meines Alters noch keine Mannschaften gab, sondern nur Spielangebote oben auf dem Betzenberg. Erst mit zehn Jahren ging es in der D-Jugend mit ordentlichem Spielbetrieb los, und ich bekam dazu sogar ein Paar Fußballschuhe geschenkt, was damals eine bemerkenswerte finanzielle Leistung meiner Eltern war.

Von der C-Jugend an habe ich in der Südwestauswahl gespielt und wurde zu einer kleinen Größe. Die 11-Jährigen haben uns 13-Jährigen auf der Straße neidisch hinterhergeschaut, weil wir in der C 1 des 1. FC Kaiserslautern spielten. Wir wiederum guckten nach den Älteren in der B 1, wie etwa Kaminke. Er wurde »Dicki« genannt und war bereits im Pantheon angekommen, in das ich noch aufgenommen werden wollte. Nun kennt heute zwar kein Mensch mehr Kaminke, die erste Mannschaft des FCK erreichte er nie, aber in der B-Jugend des FCK war er eine große Nummer. So wie er wurden später wir die großen Nummern in der B-Jugend, und in der A-Jugend waren wir Götter.

Die in den tief weinroten Trikots waren eine Kaste für sich in Kaiserslautern, die zwischen C-, B- und A-Jugend zwar streng hierarchisch geordnet war, aber wer da kickte, gehörte zur Ordensgemeinschaft der Kreuzritter von

Kaiserslautern. Wir galten als anders, besonders und besser, wenn wir in der überschaubaren Innenstadt mit den paar Eisdielen oder Kinos auftraten. Die hübschesten Mädchen merkten auf, und wenn ich zum Tanzvergnügen kam, wussten alle: Der spielt beim FCK. So wie mein großes Idol Co Prins eine Tänzerin des Pfalztheaters heimgeführt hatte, die groß, blond, schlank und schön war, konnten wir die hinreißendsten Friseurlehrtöchter aus den besten Salons betören. Zwar sind auch anderswo auf der Welt Fußballspieler für eine bestimmte Klientel besonders attraktiv, erst recht aber in Kaiserslautern. Das wirkte sich selbst in der Schule aus. Lateinlehrer Jung war ein großer FCK-Fan und versuchte alles, um die Realität meiner Ahnungslosigkeit nicht zur Kenntnis zu nehmen. Selbst wenn mir der Ablativus absolutus mal wieder über den Spann rutschte, schrieb er mich nie ganz ab.

Beim 1. FC Kaiserslautern zu spielen hieß, Protagonist von etwas mit besonderer Bedeutung zu sein. Weil sie sonst herzlich wenig bot, definierte sich die Stadt vor allem über ihren Fußballverein, der damals schon zwei Deutsche Meisterschaften gewonnen, vor allem aber mit Fritz und Ottmar Walter, Horst Eckel, Werner Kohlmeyer und Werner Liebrich den Kern der Weltmeistermannschaft von 1954 gestellt hatte. Daran hat sich bis heute so wenig geändert wie an dem Umstand, dass der FCK ein Klub der ganzen Pfalz ist, ja des ganzen Südwestens.

Zugleich war Kaiserslautern Ende der fünfziger Jahre tiefste Provinz, wenn man das als weit weg von allem definiert, als klein und in sich geschlossen und nicht irgendwelchen Träumereien über die eigene Größe nachhängend. Die Stadt ist allein durch die geographische Lage ein autonomes kleines Königreich, umgeben von unendlich viel Wald. In diesen Wäldern gab es hinter Zäunen verbotene Territorien, die Militäreinrichtungen der Amerikaner. Vogelweh, zwischen Kaiserslautern und Ramstein gelegen, war mit 40 000 Einwohnern die damals größte amerikanische Stadt außerhalb der USA. Die Anwesenheit der Amerikaner brachte auch amerikanische Musik in die Pfalz. Ich hörte AFN, das American Forces Network, unter der Bettdecke, die junge britische Beatmusik lieferte dazu Radio Luxemburg. Schon als 12-Jähriger hatte ich mit älteren Freunden Musik gemacht, wenn man das so nennen will. Weil ich keine Noten lernen wollte und für das Erlernen komplexer Instrumente wie Gitarre und Klavier zu ungeduldig war, hämmerte ich einfach auf Waschmitteltrommeln herum, bis mir meine Eltern ein Kinderschlagzeug schenkten.

Ich muss ungefähr 14 Jahre alt gewesen sein, als es bei uns an der Tür klingelte und ein Junge vor mir stand, den ich vom Sehen kannte. Er hieß Kohlmeyer, hatte eine Band und suchte dringend einen Drummer. Offensichtlich war ihre Not bei der Besetzung so groß, dass sie einen Grünschnabel wie mich fragen mussten, obwohl die anderen Bandmitglieder bereits 18 oder 19 waren.

Es war keine Band, die nur irgendwo im Keller oder in der Garage vor sich hin schrammelte, die Kapelle hatte bereits etliche Engagements abgeschlossen. Und so zog ich mit den Jungs an den Wochenenden durch die Tanzschuppen. Wir spielten die Hits der Shadows und Ventures nach, was Kohlmeyer als Solo-Gitarrist grandios beherrschte. Wir bekamen sogar Geld dafür und waren meistens von acht Uhr abends bis zwei Uhr in der Nacht auf der Bühne. Mal traten wir in der Stadt auf, oft aber in den Dörfern um Kaiserslautern, wo es hinter der Kneipe noch einen Tanzsaal gab. Das mag sich für einen 14-Jährigen etwas gewagt anhören, aber meistens waren es keine finsteren Spelunken. Es kamen die Einheimischen, Amerikaner mischten sich darunter, und in aller Regel ging es gesittet zu. Deshalb hatten meine Eltern keine Einwände, vielleicht auch, weil meinem Vater die Szenerie vertraut war. Wenn möglich, holten uns die Eltern anschließend mit dem Auto ab, aber manchmal mussten wir nach unseren Auftritten bis nach Hause laufen. Durchs fahle Mondlicht zogen wir samstagnachts über die Pfälzer Hügel wie eine Bande kleiner Strolche.

Unser Bandleader hieß nicht zufällig Kohlmeyer, er war der Sohn von Werner Kohlmeyer, dem Weltmeister von 1954. Wie so oft in der kleinen Welt von Kaiserslautern schien sich alles miteinander zu verknüpfen. In den knapp drei Jahren, in denen wir zusammen musizierten, habe ich nach den Auftritten oft bei den Kohlmeyers übernachtet. Ich habe so auch den Vater kennen gelernt, dem es allerdings schon damals sehr schlecht ging, weil er schwer alkoholabhängig war. Ich empfand es als traurig und verwirrend, war er doch einer der Größten unseres Fußball-Ordens.

Trotz der Ausflüge in die Welt der Beatmusik stand ich am Sonntagmorgen selbstverständlich auf dem Platz, um mich des weinroten Trikots würdig zu erweisen. Unsere herausgehobene Position mussten wir nämlich bei den Fahrten auf die Dörfer stets gegen erbitterten Widerstand verteidigen. Heute gibt es Deutsche Meisterschaften schon für B-Jugendliche, bei uns war die Westpfalz-Meisterschaft das Höchste, was wir gewinnen konnten. Wenn wir auf dem Weg dahin nach Erlenbach, Alsenborn oder Enkenbach kamen, war es für die Gegner das Spiel des Jahres. Nicht etwa die Partie der ersten Mannschaft von Enkenbach gegen Mörlenbach, sondern das Spiel der B-Jugend von Enkenbach gegen die des 1. FC Kaiserslautern. Bei uns spielten meistens acht, neun Mann in der Südwestauswahl, aber darum ging es nicht allein. Wir waren das Zipfelchen vom FCK, das sie auf den Dörfern zu fassen bekamen, und weil es nicht zum Griff nach den Sternen reichte, musste die B-Jugend herhalten. Das hob unser Gefühl von Wichtigkeit ungemein. So muss sich heute noch Real Madrid vorkommen, wenn sie zum Punktspiel nach Santander fahren, oder der FC Bayern beim Pokalspiel auf dem Land. Ich war 15 Jahre alt, noch nicht trocken hinter den Ohren, aber schon ein »Betze-Schneeker«, wie es damals hieß. Schneeker das klang nach Süßigkeiten, nach Leckerschmecker und unterstellte, dass uns nur die feinsten Sachen gut genug wären. Dafür wurden wir gehasst, zugleich aber auch ein wenig angehimmelt – zumindest heimlich.

Unser Lokalrivale war der VfR Kaiserslautern, dessen Vereinsheim auf der linken Seite liegt, wenn man durch den Wald zum Betzenberg hinauffährt. Da ist der Erbsenberg, und dort landeten damals all jene Spieler, die nicht mal in unserer B-2-Jugend einen Platz gefunden hatten. So war es gegen den VfR Kaiserslautern stets ein heißer Tanz, dann konnten die vermeintlich zu Unrecht Abgeschobenen zeigen, dass sie in Wirklichkeit doch eine Chance verdient gehabt hätten. In einer der Partien gegen die Blau-Schwarzen spielte ich wie immer hinten als letzter Mann, wir führten bereits 2:0 oder schon 3:0, und mir wurde es langweilig. Ich wollte nach vorn, ein Tor machen, aber draußen tobte unser Trainer, sobald ich den Fuß über die Mittellinie setzte. Es war Ernst Liebrich, Bruder vom 54er-Weltmeister Werner Liebrich und auch mit dem FCK Deutscher Meister. Weil ich meine überbordende Kreativität und Spielkunst nicht ausleben durfte, während sich vorn unsere neun anderen Feldspieler vergnügt tummelten, habe ich einen Befreiungsschlag des VfR dazu genutzt. Genüsslich habe ich den Ball aufgenommen, auf den Mittelstürmer gewartet und ihn trotz rutschigem Schneeboden auf eine kleine Achterbahnfahrt mitgenommen. Das Dribbling ohne jede Absicherung war hanebüchen, aber ich brauchte das gegen die Langeweile. Draußen bekam Ernst Liebrich einen knallroten Kopf, und als ich den Ball endlich zum Mitspieler gepasst hatte, rief er: »Wenn so was einmal schief geht, spielst du nie mehr, darauf kannst du dich verlassen.«

Bei einem anderen Spiel musste Werner Liebrich seinen Bruder Ernst vertreten, weil der krank war. Und auf welcher Position spielte Werner Liebrich früher?

Zentrale Abwehr.

Auf welcher Position spielte ich?

Zentrale Abwehr.

Was wollte sein legitimer Nachfolger dem alten Werner zeigen?

Dass er sein legitimer Nachfolger ist.

Also habe ich meine Pässe schön durchschwingen lassen und bin fast nur auf den Zehenspitzen dahingeschwebt. Zur Pause habe ich mir beim Verlassen des Platzes Zeit gelassen, weil alles noch einen Moment nachwirken sollte. Ich wollte dem Weltmeister Zeit geben, alle kurz abzufertigen, um dann vor mir auf die Knie zu fallen und zu sagen: »Endlich, ich erkenne mich selber wieder.«

Nun, er hat mich zu Hackfleisch verarbeitet. »Mir drehe hier kaan Lehrfilm, musst den Balle aach eenmal weghaue. Des ganze Getue dahinne, des Walzertanze«, verdrosch er mich in breitestem Pfälzisch. Ich fand zwar, dass ich gut gespielt und keinen Fehler gemacht hatte, nur Werner Liebrich war das zu verkünstelt.

Doch weil man sich im Leben immer zweimal trifft,

spielte der legitime Nachfolger von Werner Liebrich viele Jahre später als Student in Mainz für die ruhmreiche FVgg Mombach. Die hatte sich nach langen Irrungen und Wirrungen in die erste Amateurliga verstiegen, wo sie es auch mit der Amateurmannschaft des 1. FC Kaiserslautern zu tun hatte, deren Trainer mittlerweile Werner Liebrich war. Wir schlugen sie als Underdogs mit 2:1. Ich war inzwischen ins offensive Mittelfeld vorgerückt, erzielte einen der beiden Treffer, machte eines meiner besten Spiele in diesem Klub und ließ es mir nicht nehmen, hinterher ganz langsam am Lauterer Bus und an Werner Liebrich vorbeizugehen. Da hat er mich wiedererkannt, so würde ich gerne glauben. Jedenfalls haben wir uns die Hände geschüttelt. Das war der große Frieden von Mombach.

5 Der größte Fußballspieler aller Zeiten

Das erste Finale meiner Fußball-Laufbahn bestritt ich mit dem 1. FC Kaiserslautern in der C-Jugend. Ich war 14 Jahre alt, und wir spielten in der alten Radrennbahn von Schopp gegen den VfB Pirmasens um die Westpfalz-Meisterschaft. Rudi Merk, der Vater des Bundesliga-Schiedsrichters und heutiger Schiedsrichterbetreuer des 1. FC Kaiserslautern, war unser Trainer. Er selbst hatte uns mit dem VW-Bus nach Schopp kutschiert. Einige Eltern waren ebenfalls mitgereist, auch meine, denn die Westpfalz-Meisterschaft war das Höchste, was wir damals erreichen konnten. Wir waren haushoher Favorit und uns dieser Rolle bewusst. Auch ich hatte viel vor an diesem großen Tag, da stoppte mich der Schiedsrichter noch vor dem Anpfiff. Der Mann machte es kurz: »Hemd rein, Stutzen hoch!« Es war weder der Ort noch der Zeitpunkt für Widerspruch, also tat ich, wie mir geheißen, brachte alles in Ordnung – und mich um die Hälfte meines Leistungsvermögens. Ich musste das bis dahin wichtigste Spiel meiner Karriere in einem Trikot bestreiten, das nicht lässig über der Hose hing, und mit nicht kunstvoll um die Knöchel baumelnden Stutzen. Ich durfte nicht über den Platz laufen wie mein großes Vorbild, wie Co Prins.

Ich schielte zum Spielfeldrand hinüber und sah, wie mein Vater kopfschüttelnd schmunzelte. Ihm war sofort klar, was der Rüffel des Schiedsrichters bedeutete. Schließlich hatten er und ich oft genug über Co Prins gestritten. Meistens fuhren wir zu den Heimspielen des FCK gemeinsam auf den Betzenberg, wo sich dann auf dem Parkplatz unsere Wege trennten. Der Lauterer Geschäftsmann mit Dauerkarte nahm seinen Platz auf der Haupttribüne ein, der C-Jugend-Kicker ging mit seinem Freiticket auf den Stehplatz in der Westkurve. Und jedes Mal zettelte ich beim Aussteigen mit fast schon missionarischem Eifer fruchtlose Diskussionen an. »Ist er nicht genial, mit seiner Technik und Spielübersicht?«, legte ich meinem Vater vor. »Nein – er ist faul, launisch, egozentrisch«, blieb er hart. Eigentlich suchte ich im Verhältnis zu meinem Vater meistens Harmonie, Übereinstimmung und Gleichklang. Das gelang bei so brisanten Themen wie meiner Haarlänge, der Musik der Beatles und selbst meiner unkurierbaren Latein-Unverträglichkeit, nur in der Bewertung von Co Prins gab es keinen gemeinsamen Nenner. Selbst nach den Spielen nicht. Trafen sich die Unvereinbaren nach Spielschluss am Auto wieder und hatte Co Prins geglänzt, fand Leon Reif ein ganzes Haarbüschel in der Suppe; hatte der Holländer einen seiner diskreteren Auftritte erwischt, glänzten Marcel Reifs Augen trotzdem, weil ich selbst in 90 noch so trüben Minuten ein Kabinettstückchen gesehen hatte.

Ich weiß bis heute nicht genau, was mich an Co Prins so faszinierte und ihn zum Fußballidol meiner Jugend machte, ja zum einzigen Idol, das ich je hatte. Als Holländer war er ein Exot, denn beim Start 1963 gab es in der Bundesliga nur drei Ausländer. Das allein hätte jedoch nicht gereicht. Prins wirkte auf und außerhalb des Spielfeldes so locker und weltmännisch, dass es in einer Stadt wie Kaiserslautern besonders auffallen musste. Der Nationalspieler aus Amsterdam gab der Mannschaft des FCK – ansonsten fast durchweg »Pälzer Buwe« – einen besonderen Kick und eine neue Dimension. Die war auch nötig, schließlich ging es in der Bundesliga nicht mehr nur gegen Pirmasens, Bad Kreuznach oder Worms.

Prins polarisierte auf dem Betzenberg wie kein anderer Spieler – und das gilt bis heute. Über andere mochte man diskutieren, erbittert gestritten wurde nur über ihn – nicht nur zwischen meinem Vater und mir. Die Fronten verschoben sich dabei erstaunlich wenig, es wurden Glaubensfragen verhandelt. Vielleicht war sein Spiel mitunter zu genial für Kaiserslauterer Verhältnisse. ›Cotje‹ war anders, und das sollten alle gleich sehen: Trikot über der Hose, Stutzen runtergerollt – wie ich es in Schopp eigentlich kopieren wollte. Mitunter hatte Prins allerdings keine Lust, seine Kunst missverstanden zu sehen, dann wirkte er apathisch und aufreizend desinteressiert. War er hingegen gut aufgelegt und mochte sich am eigenen Können berauschen, erlebte der Betzenberg viele Jahre nach der Fritz-Walter-Ära endlich wieder mehr als pfälzische Urgewalt. Plötzlich schien Fußball um einiges leichter, eleganter und feiner zu sein. Der 1. FC Kaiserslautern erreichte beinahe einen anderen Aggregatszustand. Prins

Das Autogramm auf dem Bild des Helden ist selbst besorgt

riss in diesen Momenten alle mit und inspirierte noch das schlichteste Gemüt unter seinen Mitspielern.

Er liebte die große Bühne, erst sie setzte sein Potenzial frei. Flutlicht-Spiele am Freitag, damals noch selten, sorgten für einen Rahmen, wie er ihn brauchte. Das Spiel gegen Eintracht Braunschweig in seiner zweiten und letzten Saison am Betzenberg war ein Abend, der ihn fliegen ließ. In Flutlicht getaucht, lief jeder Angriff über ihn. Er war großer Dirigent und sensationeller Solist zugleich, er machte mit dem Ball, was er wollte. An diesem kühlen April-Abend hat er mich begeistert wie selten ein Spieler davor und danach. Der 2:1-Sieg gehörte ihm, nicht nur, weil er das zweite Tor schoss. So wollte ich Fußball sehen, das war das Maß aller Dinge und ist es bis heute geblieben.

So wollte ich selbst auch Fußball spielen und war voller Vorfreude, als wir in Hohenecken antraten, wo Prins mit seiner Frau wohnte. Ich hatte gehofft, dass er sich dieses Jugendspiel in der Wochenmitte anschauen würde. Ich wollte ihm zeigen, dass ich seinen Weg ging, und ein kleines Lob von ihm hätte mich unendlich darin bestärkt. Und wirklich stand er an diesem Tag am Rand dieses wunderschön im Wald gelegenen Sportplatzes, nur musste ich leider neben ihm stehen, denn ein paar Tage zuvor hatte ich mich verletzt und konnte nicht spielen. So hat er nie erfahren, wie ich seinen Bewegungsablauf kopierte und seinen Habitus imitierte – das Trikot, die Stutzen …

Das Endspiel gegen den VfB Pirmasens haben wir übrigens mit 1:2 verloren. Das war für viele eine Sensation, aber angesichts der Kleiderordnung nicht für mich. Ich vergoss bittere Tränen. Mein Vater tröstete mich, war aber insgeheim wahrscheinlich froh, dass ich wenigstens nicht wie Prins mit dem Trikot über der Hose und heruntergelassenen Stutzen gespielt hatte.

6 Landung ohne Flugplan

Gern würde ich allen jungen Menschen mit einer altväterlichen Geste der Ermahnung viel Fleiß verschreiben, aufmerksame Vorplanung und Weitsicht in den Dingen des beruflichen Lebens anraten. Doch schon die Frage, wie ich eigentlich beim ZDF gelandet bin, weckt die falsche Vorstellung, dass ein junger Mann dereinst gestartet ist, geflogen, dabei einen Flugplan hatte und schließlich landete. Nur war es nicht so und die Wahrheit viel bescheidener und zufälliger.

Meine Eltern zogen 1966, als ich 17 Jahre alt war, von Kaiserslautern nach Heidelberg. Sie hatten dort gemeinsam mit einem befreundeten Ehepaar ein Hotel gekauft, mit einem Straßenimbiss im Erdgeschoss. Während sie noch damit beschäftigt waren, diesen zu renovieren und das Hotel in ein privates Studentenwohnheim zu verwandeln, blieb ich bis zum Sommer des darauf folgenden Jahres bei meiner Großmutter und Urgroßmutter in Kaiserslautern. Dann zog ich hinterher und kam ins Englische Institut zu Heidelberg, einer Privatschule mit langem Stammbaum und gutem Ruf.

Dort ging es in den folgenden beiden Jahren einem Abitur entgegen, das in Französisch durch eine drohende Sechs gefährdet war. Im vorletzten Moment konnte ich mein in diesem Fall versagendes Sprachtalent doch noch aktivieren. Ich schaffte in einer Klassenarbeit auf nie geklärte Weise eine Drei, und mein Lehrer bot mir an, nicht mehr zum Unterricht zu erscheinen, er würde mir im Gegenzug eine Vier geben. Die Abiturnote bestand aus dieser Einreichungsnote, einer schriftlichen und einer mündlichen Prüfungsnote. Mit der Vier im Rücken war klar, dass selbst zwei Sechsen die Gesamtnote nicht unter eine

Fünf sinken lassen würden. Also verließ ich die schriftliche Abiturprüfung nach einer Viertelstunde und gab ein weißes Blatt ab. Dann kam die mündliche Prüfung an dem Tag, als ich zum ersten Mal nach Israel fliegen wollte, wo ich mit meiner Cousine Ella den Schuster Haskel wiedertreffen sollte. Ich war schon etwas in Eile, und die Prüfung wurde angesichts meiner Sprachlosigkeit abgebrochen. Ich bekam die Sechs, eine Fünf insgesamt und das Flugzeug. Das ungefähr gibt meine Haltung zu dieser Zeit wieder. Ich kam mir schlauer vor, als ich war, und ein Flugplan musste erst noch gefunden werden.

Ich kam als Praktikant zum ZDF, das damals noch aus Wiesbaden sendete. Wiesbaden ist, nur durch den Rhein getrennt, die Nachbarstadt von Mainz. Dort studierte ich, weil es nicht so weit von Heidelberg entfernt war. In Heidelberg wollte ich während meines Studiums die damals noch sehr lebendige Club-Szene genießen, außerdem kamen im Sommer schwedische Deutschschülerinnen. Ich studierte in Mainz Publizistik, weil der Studienberater gemeint hatte, ich sei doch gut in Deutsch, überdies eloquent, und das würde mich ausreichend für den Beruf des Journalisten qualifizieren. Kurz hatte ich zwar mit einer Karriere im diplomatischen Dienst geliebäugelt, mich dann aber dagegen entschieden. Mit meinem nur kleinen Latinum verboten sich zudem die großen Berufe, von denen mein Vater geträumt hatte: Arzt, Zahnarzt oder Rechtsanwalt. Ingenieur hätte ihm ebenfalls gefallen, nur haperte es bei mir schon kurz hinter den Grundrechenarten.

Ein Masterplan stand also nicht dahinter, als ich mich im Wintersemester 1969 an der Johannes Gutenberg-Universität in Mainz für Publizistik, Politikwissenschaften und Amerikanistik einschrieb. Es hätte statt Amerikanistik auch Anglistik sein können, doch hatte mir Anglistik zu sehr mit Alt-Hochenglisch zu tun, während Amerikanistik überschaubar erschien. Schließlich wollte ich kein Literaturwissenschaftler werden, sondern politischer Journalist. An Sportjournalismus dachte ich damals nicht im Geringsten. Sport war ein Hobby, die Berufswelt hingegen etwas Seriöseres, und so viel Ernsthaftigkeit wollte ich meinem Vater schon beweisen.

Ein genaue Übersicht, was ich an der Uni zu tun hatte, fehlte mir zunächst. Ich wunderte mich darüber, dass ein Publizist auch einen Schein in Statistik brauchte und für eine Doktorarbeit das Latinum benötigt wurde. Ich machte mich artig an meine Aufgaben, spielte zugleich aber mit einer Clique von vier, fünf Jungs den Bohemien. »Heute kann ich nicht« gab es nicht. Wir waren ein Kreis gleich Gesinnter, der nicht sonderlich gesinnt war. Oder allenfalls insofern, als wir eine gute Zeit haben und trotzdem unser Studium ordentlich zu Ende bringen wollten.

Es war ein wenig neben dem Geist der Zeit, was ich da trieb. Die Stimmung der 68er-Revolten streifte mich eher, als dass ich mich hätte anstecken lassen. In den Ausläufen meiner Gymnasiumszeit hatte ich in Heidelberg noch die gewaltsamen Demonstrationen gegen die Erhöhung von Straßenbahnpreisen mitbekommen. Dabei kam häufiger Polizei aus Göppingen zur Verstärkung, die wir »Frischdrauf Göppingen« nannten, in Anlehnung an die Handballer von »Frischauf Göppingen«. In Mainz wurde immer wieder mal aus Protest unser Institut an der Universität besetzt. Irgendwie habe ich mit den Besetzern zwar sympathisiert, zugleich war mir nie ganz klar, was sie eigentlich von der Institutsleiterin Noelle-Neumann wollten. Dass die berühmte Demoskopin eher konservativ war, stimmte wohl, dass sie als Schergin des Systems gebrandmarkt werden musste, erschloss sich mir nicht. Ich habe mich in diesen Situationen weder in die eine noch in die andere Richtung solidarisiert, für mich bedeutete es nur: Wenn diese Woche geschlossen ist, können wir ein paar Runden Skat mehr spielen und ein wenig länger durch die Nacht ziehen.

Mit dem Stil an der Universität konnte ich nicht viel anfangen, obwohl ich mir damals einen Rauschebart zugelegt habe. Das typisch studentische Auftreten gefiel mir nicht, weil ich schon damals Wert auf Kleidung legte. Wenn ich in Anzug und Krawatte kam, sollte das keinen Willen zur Karriere signalisieren. Es war einfach mein Ding, und ich wollte mich von meiner Linie nicht durch das abbringen lassen, was um mich herum passierte.

Ich bin zwar brav zu Konzerten von Reinhard Mey marschiert, wenn der für Willy Brandt sang, und zu Günter Grass, wenn er Reden für die SPD hielt. Aber ich wäre nicht im Traum auf die Idee gekommen, mich selbst auf ein Podium zu setzen oder Juso zu werden. Ich taugte nicht zum Politaktivisten und muss mich im Nachhinein schon fragen, was um Himmels willen ich mir unter politischem Journalismus vorgestellt habe. Mein unausgesprochenes Motto an der Uni war eher ein pragmatisches: Mal gucken, was daraus wird. Wenn ich schon hier bin, muss es doch zu irgendwas gut sein. Außerdem hatte ich das Gefühl, meinen Eltern etwas zurückgeben zu müssen. Ich sah, wie sehr sie dafür schuften mussten, dass ich in einer schönen Wohnung leben und mit dem todschicken Fiat Spider herumfahren konnte, den sie mir geschenkt hatten.

Frau Professor Noelle-Neumann lieferte als Demoskopin keine wirklich sinnvolle Vorbereitung auf den Journalismus, doch sie half mir. Ich gab mir Mühe, und vielleicht gefiel ihr allein schon, dass ich nicht zu den Leuten gehörte, die sie mit dem nervten, was sie für Politisiererei und linke Gesinnung hielt. Jedenfalls wurde ich irgendwann zum Tee in ihre Mainzer Wohnung geladen, wo Bilder großer Meister an den Wänden hingen; und zum Tee wurde nur geladen, wer im Seminar mal etwas Schlaues von sich gegeben oder eine vernünftige Note geschrieben hatte. Sie fragte mich dabei, ob ich nicht gern im Ausland studieren wollte. Das klang vor allem deshalb gut, weil ich damals großer Eishockeyfan war. Sie hatte nämlich Kanada vorgeschlagen. Also dachte ich: Mensch, da kannst du ja Eishockey gucken. Frau Professorin hatte gute Beziehungen zur Universität Ottawa, nur gab es damals dort noch keinen Klub der National Hockey League , und ich war nahe dran zu fragen, ob Montreal nicht ebenfalls möglich wäre. Schließlich zerschlug es sich, doch man ahnt, was für ein Kindskopf ich damals gewesen sein muss.

Meine ersten praktischen Versuche als Journalist waren nicht gerade ein Triumphzug. Mir war früh klar, dass ich eigentlich zum Fernsehen wollte, aber der Weg dahin erschien mir unendlich weit. Also habe ich mit Lokaljournalismus begonnen. Bei der *Mainzer Allgemeine Zeitung* erhielt ich den Auftrag, über die Ankunft koreanischer Krankenschwestern zu berichten, die den Schwesternmangel an der Uniklinik beheben helfen sollten. Der Beitrag war von elementarer Schlichtheit, aber ließ mich zum ersten Mal einen Reiz des Journalismus spüren, denn unter dem Artikel stand mein Kürzel. Davon wollte ich mehr und wurde zur Berichterstattung über die Mainzer Fastnacht eingeteilt. Fastnacht ist keine heitere Angelegenheit, wie der ahnungslose Zuschauer von »Mainz bleibt Mainz« vielleicht glauben könnte, sondern vielmehr eine bitterernste und für die lokale Zeitung gerade deshalb enorm wichtige Sache. So werden die Sitzungen der Karnevalsvereine ausgiebig berücksichtigt, und während der Session besteht ein riesiger Bedarf an opferbereiten freien Mitarbeitern.

Als ein solcher zog ich eines Samstags aus, obwohl ich mit dieser Terminfröhlichkeit schon damals wenig anfangen konnte – und zudem auf keinen Fall das »Aktuelle Sportstudio« verpassen wollte. Als es eine Sitzungspause gab, auf dass die Narren einem dringenden Bedürfnis nachkommen konnten, versuchte ich dasselbe. Mein Bedürfnis hieß: Flucht nach Hause. Für meinen Geschmack hatte ich genug für zwanzig Zeitungszeilen gesehen. Nur wurde ich an der Garderobe von einigen aufgebrachten Vortragskünstlern gestellt: »Sie habbe mich doch noch gar net gesehe, wie wolle se da schreibe?« Damit war meine Flucht vereitelt, und ich wurde wieder an meinen Reporterplatz zurückgeführt.

An diesem Abend muss mein großer Respekt vor schreibenden Journalisten entstanden sein. Die kurze persönliche Karriere auf diesem Feld war so jedenfalls weitgehend abgeschlossen, zumal die Zeit der glücklichen Fügungen begann. 1971 machte mich ein Kommilitone darauf aufmerksam, dass beim ZDF Hospitanten gesucht wurden. Ich bewarb mich, wurde gleich angenommen und der Redaktion des »Länderspiegel« zugeteilt. Dort machte ein verschworener Haufen von sechs Redakteuren eine wöchentliche Sendung und hatte entsprechend viel Zeit, was für mich ein dramatischer Glücksfall war. Bald nahmen sie mich ernst, zeigten mir viel und ließen mich zum Ende der drei Monate sogar einen Filmbeitrag machen. Für meine Recherchen über Erwachsenenbildung durfte ich nach Stuttgart fahren, also meine erste Dienstreise machen und im Hotel wohnen. Geschnitten wurde dieser Bericht von Michael Palme, der später mit mir Redakteur beim Sport werden sollte. Der Beitrag entstand zwar unter Aufsicht, aber danach war mir klar: Das ist es, das will ich machen.

Zur Redaktion gehörte eine Sekretärin, der ich bald schöne Augen machte. Ria war eine attraktive, in sich ruhende Frau, immerhin zehn Jahre älter als ich und schon einmal verheiratet gewesen. Sie ging sicheren Schrittes durchs Leben und nahm mich bald auch bei der Hand. Wie sie später einmal sagte, fand sie mich als 22-jähriges Jüngelchen irgendwie possierlich. Einerseits war ich mit einer gewissen Frechheit, mit Selbstbewusstsein und dem Willen ausgestattet, meinen Weg zu finden. Andererseits konnte ich mich im richtigen Moment so zurückhalten, wie es meiner noch schmalen Lebenserfahrung angemessen war. Vor Ria hatte ich zwar Freundinnen gehabt, aber nie richtig ernsthaft. Das hätte nicht zu meinem damaligen Leben gepasst, mit Fußball, Skatabenden oder Lernen für die Uni. Bei Ria aber nistete ich mich bald in Taunusstein ein, bevor wir dann in eine gemeinsame Wohnung zogen.

1972 machte ich beim ZDF eine weitere Hospitanz, diesmal in der Nachrichtenredaktion. Auch dort war ich anstellig, machte mich unentbehrlich wie ein kleiner Boy auf dem Schiff und versprühte ein ausreichendes Maß an Charme und Großmäuligkeit, die jedoch offenbar an einer bestimmten Grenze Halt machte. Mein »Hoppla, jetzt komm ich« war nicht nur kindisch, und nach Ablauf der Hospitanz bekam ich das Angebot, bei der »Chronik der Woche« zu jobben, einem halbstündigen Wochenrückblick am Samstag. Wieder eine Redaktion, die Zeit hatte, mir etwas zu zeigen, und langsam fand ich meine

Flugroute in den Job und wurde zum Mitglied der ersten eigenen Generation, die das ZDF hervorbrachte.

Durch die Einsätze beim Sender verlor allerdings das Studium schlagartig an Bedeutung. Dabei hatte Frau Noelle-Neumann mich sogar eine Doktorarbeit beginnen lassen, obwohl ich weder ein großes Latinum noch den Magisterabschluss hatte. Das Thema »Das deutsche Selbstbild in den Massenmedien nach 1949« war vor allem eine Inhaltsanalyse. Ich blätterte dazu alte Zeitungen durch, wertete Artikel mit Strichliste aus, ob sie nun halbwegs positiv, halbwegs negativ oder wie auch immer dem eigenen Land gegenüberstanden. Ria half mir beim Zusammenfassen der Ergebnisse, doch als ein Drittel der Doktorarbeit fertig war, kam ein Rollkommando aus dem Seminar zu mir in die Wohnung und nahm alles mit, was ich schon geschrieben hatte, denn ich hatte mein Studium abgebrochen.

Das war 1973, ungefähr ein Jahr nachdem ich mich als freier Mitarbeiter beim ZDF etabliert hatte. Ich konnte einfach meine Tage nicht mehr im Hessischen Staatsarchiv verbringen, in diesem tiefen dunklen Keller mit dem Geruch alter Zeitungen. Ich wollte eintauchen ins ZDF, wo sich der Job in der Nachrichtenredaktion, die mich nun vor allem beschäftigte, bereits so sinnvoll, verführerisch und wunderbar vereinnahmend entwickelt hatte. Es bedurfte keines zweiten Nachdenkens, bereits nach dem siebten Semester mein Studium abzubrechen. Heute würde es hoffentlich niemand zulassen, dass ein junger Mann an dieser Stelle aufgibt, um sich durch die Hintertür in diesen Job reinzustehlen.

Zwischen Studium und Arbeit musste ich mich entscheiden, als sich die Situation beim ZDF änderte. Viele freie Mitarbeiter hatten sich in die Rundfunk- und Fernsehanstalten eingeklagt, und zum Schutz dagegen, durften sie fortan nicht mehr 200 oder 250 Tage im Jahr arbeiten, sondern nur noch 110 Tage. Damit verloren sie ihren Anspruch auf Festanstellung, und ich war einer der Letzten, die noch ohne dieses Limit weitermachen konnten. Auf der anderen Seite wollte ich einer Doktorarbeit doch noch so viel Respekt entgegenbringen, sie nicht nebenbei abzureißen, während ich fünf Tage die Woche in der »heute«-Redaktion arbeitete. Außerdem hatte ich das Studium als Mittel zum Zweck gesehen. Ich wollte Journalist werden, und als ich feststellte, dass ich es werden konnte und die Promotion das Ziel sogar gefährdete, habe ich den Anker geworfen. So kamen schließlich die Assistenten von Frau Noelle-Neumann und holten mein Material ab, damit die Arbeit zu Ende gebracht werden konnte, die ihr so wichtig war. Ich hoffe nur, dass sie am Ende mit einer kleinen Erwähnung versehen wurde. »Zu besonderem Dank sind wir Herrn Reif verpflichtet, ohne den wir nie …«

7 Waldbrand im Studio

Obwohl ich beim ZDF nicht fest angestellt wurde, stand ich nun im Dienstplan und bekam Tageshonorare oder Bezahlung für Beiträge. Eine formale Ausbildung in einem Volontariat gab es nicht. Auch sonst war nur wenig Zeit, sich groß um die Nachwuchskraft zu kümmern. Mit meinen 24 Jahren war ich unendlich jung, was mich einige ältere Kollegen durchaus spüren ließen. Aber der Pragmatismus überwog, schließlich mussten in der Nachrichtenredaktion jeden Tag drei Sendungen gemacht werden.

Besonders aufregend war es zunächst nicht. Ich saß in fensterlosen Räumen und sichtete auf dem Monitor Zuspielfilme von Agenturen, die zu 30-Sekunden-Beiträgen umgeschnitten und betextet wurden. Der zuständige Redakteur nahm sie ab oder redigierte sie noch einmal, und dann wurden die Filme zu den Sprechern gebracht. Gerhard Klarner war eines der Genies am Mikrophon, oder Jochen Behrend mit seiner unglaublich sonoren Stimme. Er hat zu mir gesagt: »Wissen Sie, wie man betont? – Mit Pausen.« Das habe ich mir gemerkt, wie ich auch gelernt habe, im Studio einen Waldbrand zu simulieren. Die Franzosen unterlegten ihre Nachrichtenfilme, die sie über den Eurovisionsaustausch anboten, gerne mit sphärischer Musik statt der Original-Töne – nur war das kein Stilmittel des ZDF. Wenn man jedoch Fernsehen macht und keinen Ton zum Bild hat, ist das ein Problem. Doch Klarner wusste Rat. Er nahm von einer Zigarettenschachtel das Cellophanpapier, knisterte ins Mikrophon, und so wurden die schweren Waldbrände an der Côte d'Azur wieder hörbar.

Wenn die Nachrichtentexte zu den Filmen während der Sendung verlesen wurden, stand ich hinter den Sprechern und tippte sie an, dann legten sie los. Sie guckten selbst nämlich nicht auf den Film, sondern konzentrierten sich auf den Text, der vorher hoffentlich genau auf die Bilder abgestimmt war. Damit sollte verhindert werden, was mir 1976 bei der Nachricht von der Bestattung des ehemaligen Bundesbauministers Paul Lücke passiert war. Als man sah, wie sein Sarg ins Grab gelassen wurde, sagte Klarner den Satz: »Er galt als Begründer des sozialen Wohnungsbaus.« So war das nicht gedacht gewesen, und so wäre es auch besser nie passiert.

Das fand auch unser Chef Karl-Heinz Rudolph, der zwar einen beißenden Humor, aber für derlei Unfug keine

Ader hatte. Mitgeteilt hat er es mir bei der so genannten Flurschelte, die es nach jeder Sendung gab. Rudolph war einer der guten Lehrmeister, wie auch Günter von Lojewski, der damals Nachrichtenchef war, oder ein weniger bekannter Schlussredakteur wie Karl-Heinz Bolle. Von ihm habe ich mir sagen lassen müssen: »Ironie, Herr Reif, kommt nicht an im Fernsehen.« Von Schlussredakteur Gernot Lindmüller hingegen bekam ich die Direktive mit auf den Weg: »Machen Sie was draus.«

»Was denn?«, fragte ich.

»Egal«, sagte er, »nur machen Sie was draus.«

Mit solch exquisiten Weisheiten ausgestattet, trollte ich mich wieder zu meinen Nachrichtenfilmchen und wartete darauf, selber mit einem Kamerateam ausrücken zu dürfen. Die Chance dazu kam wenige Tage vor Weihnachten 1974. Alles roch nach Plätzchen, und Karl-Heinz Rudolph platzte in die besinnliche Stimmung und fragte: »Kann mir einer sagen, warum die Leute um diese Zeit nach Mexiko oder in die Karibik fliegen? Da müssten wir mal einen mitschicken.« Ich wurde gefragt, und in diesem Moment war mir klar, dass einer der größten Regisseure seit Hitchcock endlich seine Chance bekam. Nur war mein Pass abgelaufen, es war Freitag, und am Samstag sollte ich fliegen. Also verpasste ich meinen ersten eigenen Beitrag und habe einen Tag wie gelähmt im Bett gelegen. Hitchcock II. würde es nie geben.

Doch die zweite Chance kam. Offenbar hatte ich zum Wohnungsbau eine geheimnisvolle Affinität, jedenfalls durfte ich über die Baumesse in Frankfurt einen 80 Sekunden langen Beitrag machen. Dazu stellte ich mich zum so genannten Aufsager kurz vor die Kamera, damit die Zuschauer sahen, wer ihnen da etwas zu berichten hatte. Jetzt, in diesem Moment würde ich aus der Anonymität heraustreten, der Metzger, Bäcker und Postbote würden am nächsten Tag sagen können: »Ich hab Sie gestern im Fernsehen gesehen.« Doch als der kommende große Fernsehschaffende dieser Republik zur Flurschelte kam, sagte Rudolph: »So einen Mist haben wir schon lange nicht mehr gesendet.«

Das Generalistische, das in Nachrichtensendungen gepflegt wird, kam mir damals entgegen. Ich war kein studierter Historiker oder Lateinamerikanist, sondern abgebrochener Publizist. Die wechselnden Themen, die zu bearbeiten waren, passten zu meiner gesunden Allgemeinbildung und meiner großen Einsatzbereitschaft. Ich konnte reüssieren, ohne dass ich zu tief hätte bohren müssen. Das änderte sich auch bei meiner nächsten Station im ZDF nicht. Wenn die Lehrlingszeit bei den »heute«-Nachrichten stattfand, waren die Gesellenjahre beim »heute«-Journal. Die Sendung war 1978, als ich dort zu arbeiten begann, noch relativ neu. Ihre Idee war und ist es, ein Dossier des Tages zu erstellen. Das bedeutet, dass die Beiträge länger sind, und das wiederum war für mich attraktiver. Als einer vom »heute«-Journal ging man zudem gemessenen Schrittes durch die Gänge. Die Nachrichten waren Brot und Butter, während das Journal eher für das künstlerisch Angehauchte stand, wo die etwas nachdenklicheren Kräfte ihre Arbeit machten. Ich empfand das zwar immer als Bluff, denn Beiträge von vier Minuten Länge habe ich prima hingekriegt, ohne über sehr weit gehendes Wissen der Zusammenhänge verfügen zu müssen. Doch meine mangelnde Tiefgründigkeit ging offenbar sehr schön mit den Notwendigkeiten der Sendung einher.

Im Frühjahr 1981 gab es eine Konferenz in der Nachrichtenredaktion, bei der über die Berichterstattung aus

Nordirland debattiert wurde. Ich war nicht dabei. Der Hungerstreik der IRA-Häftlinge um Bobby Sands sorgte für weltweites Aufsehen, und mit der Berichterstattung des Korrespondenten in London war man nicht zufrieden. Er war wohl ein wenig in die Jahre gekommen und nicht mehr besonders rege interessiert, also sollte ihm jemand beistehen. Bei dieser Besprechung muss Ruth Speer, die damalige Moderatorin, gesagt haben, dass doch ich ein so besonderes Interesse an Irland hätte. Wir pflegten ein angenehm kollegiales Verhältnis, und beim Gespräch in der Kantine muss ich ihr erzählt haben, dass ich schon häufig in Schottland gewesen war. Das also hatte Frau Speer behalten, oder besser gesagt: Sie hatte es falsch behalten. Denn nicht in Irland, sondern in Schottland kannte ich mich aus. Hätte sie mir richtig zugehört, wäre ich nie auf den britischen Inseln gelandet.

Unser Chef Klaus Bresser fragte meinen Kollegen Reiner Hirsch und mich, wer denn nach Nordirland wolle. Wir waren die Youngster, von denen man entsprechende Flexibilität erwartete, denn es sollte schon am selben Tag losgehen. Reiner muss etwas gezögert haben, ich nicht, denn ich wusste ohne Rücksprache, dass Ria mitziehen würde. Ich nahm den Auftrag an, obwohl ich noch tief in eine ganz andere Aktivität verstrickt war.

8 Nebenbühne aus Marmor

Ich war 31, als ich mich nach Nordirland aufmachte, und mit Ria seit acht Jahren verheiratet. Unser Sohn Jan war 1977 geboren worden, also gerade einmal vier Jahre alt. Ria arbeitete nicht mehr beim ZDF, sie war Geschäftsführerin einer Damenmode-Boutique, die wir im März 1980 in Wiesbaden eröffnet hatten.

Dass ich als Fernsehreporter in der Modebranche landete, war kein Zufall. Schon in Israel hatte es dazugehört, dass ich am Freitagabend für den Sabbat in die Wanne gesteckt wurde und anschließend in die gute kurze Hose und die weißen Söckchen. Kinder mögen das meistens nicht, aber ich hatte Spaß an den sauberen Sachen und der feierlichen Atmosphäre, die damit verbunden war. Auch mein Vater mochte schöne Kleidung. Er war beileibe kein Hausmann, aber seine Hemden bügelte er immer selbst, weil er der Ansicht war, nur er könne das so, wie es zu sein hätte. Er putzte auch seine Schuhe selbst, um ihnen den gebührenden Glanz zu geben. Überhaupt hatte er einen Schuhtick, ich habe noch meine Mutter im Ohr: »Dein Vater hat sich schon wieder ein Paar Schuhe gekauft.« Dazu gab es alle zwei Jahre vom Schneider einen anständig genähten Anzug, und so konnte er als feiner Herr auftreten.

Schon früh entwickelte ich zudem ein Faible für Italien. Mein Jugendfreund Günter Überle hatte einen älteren Bruder, und Dieter fuhr als Manager einer Metallfirma oft nach Italien. Er hat uns häufiger in den Ferien mitgenommen, viel gezeigt und mit seiner Begeisterung das Land näher gebracht. Dazu gehörte nicht nur Essen und Trinken, sondern auch Mode. Später schaute ich meiner Frau über die Schulter, wenn sie in neuen Ausgaben von *Vogue* oder *Elle* blätterte. Obwohl deutlich jünger, habe ich sie von Anfang an beim Einkaufen beraten. Es machte uns Spaß, durch die Geschäfte zu schlendern, und wenn wir mal in Mailand oder Paris waren, hieß es: »Guck mal, so was könnte ich mir auch in Wiesbaden vorstellen.«

Im Laufe der Zeit gefiel uns die Idee von der eigenen

Weißer Marmor und selbst entworfene Schrauben: Damenboutique in Wiesbaden

Boutique immer besser. Schön sollte unser Laden liegen und geschmackvoll eingerichtet sein. Aus den Träumereien wurde ein vager Plan und schließlich eine fixe Idee. Wir gingen mit einem Unternehmensberater durch Wiesbaden, um nach möglichen Standorten Ausschau zu halten. Seine Empfehlungen liefen allerdings bald schon ungehört ins Leere, denn er riet eher ab.

Ihm dürfte nicht entgangen sein, dass meine Frau und ich ein geschäftliches Grundwissen hatten, das gut in eine Nussschale gepasst hätte. Noch weniger wussten wir von den Besonderheiten des Modegeschäfts, und über ein üppiges Startkapital verfügten wir schon gar nicht. Als wir den Laden am 1. März 1980 eröffneten, gähnte als Grundstock ein Minusloch von 5 000 Mark auf dem Konto. So war die Geschäftsgründung, sagen wir es deutlich, schlicht größenwahnsinnig.

Mich hat es immer auf die Bühne gedrängt, ob mit meiner Beatband in Kaiserslautern, als Abwehrstratege beim

1. FC Kaiserslautern oder als Reporter beim Fernsehen. Auch das Geschäft in der Goldgasse in Wiesbaden war eine solche Bühne, und dort konnte ich sogar das Bühnenbild selbst entwerfen. Mit meinem Freund Helmut Pöllmann, der ein wenig Architektur studiert hatte und heute Musikprofessor in Berlin ist, entwarf ich die Einrichtung bis ins Detail, inklusive Schriftzug an der Tür, Tüten für den Verkauf oder Schrauben an den Regalen.

Um diese Bühne zu bestücken, brauchten wir Hilfe und viel Glück. Bei unserer ersten Bestellung half uns ein Düsseldorfer Modeagent, weil wir so ziemlich alles falsch gemacht hatten. Er zerriss unsere ersten Orderpapiere und stellte uns ein Sortiment zusammen, das verkaufbar war. Denn das war existenziell wichtig, da wir aus den Verkäufen die Miete, die laufenden Kosten und die nächsten Einkäufe würden bezahlen müssen. Wir wollten Krizia, Armani, Missoni und Versace unter einem Dach. Es hieß zwar, all diese ganz großen Labels würde man nie in einem Laden zusammenbekommen, wir fuhren trotzdem nach Mailand und haben die Leute bekniet, Enthusiasmus verbreitet und so lange rumgeplappert, bis sie ihre Rivalitäten vergaßen und endlich sagten: »Die sind so verrückt, geben wir ihnen eine Chance.«

Ein Konzept hatten wir eigentlich nicht, aber eine Menge kleiner sprühender Ideen. Neben der Mode verkauften wir auch trendige Musik, Claudio Baglioni oder Franco Battiato, dessen Platte bei einer Modenschau von Versace so gut angekommen war, dass sie von den Kleidern abgelenkt hatte. Bücher, die zu jener Zeit jeder lesen musste, alles handverlesen, es ging um ein Lifestyle-Gefühl, bevor es diesen Begriff überhaupt gab. Wir kamen anders daher als die alteingesessenen Läden. Wir waren fanatische Fans der Labels, die wir verkauften, und bekamen dafür von ihnen eine Wild Card. Heute stehen Konzerne hinter den großen Designern, und die großen Marken gibt es nur noch in Franchiseläden. Damals standen noch Menschen hinter den Modehäusern, und Menschen sprechen auf so viel Begeisterung an. Mit unserer Frische, die zugleich grenzenlose Naivität war, hatten wir sie offensichtlich angesteckt.

Anfangs wurden die Kollektionen in Mailand noch auf der Modemesse verkauft, später hat dann jedes Modehaus für sich eigene Shows gemacht. Sie haben dazu Stadtpaläste ausgebaut, wohin wir zweimal im Jahr zwei Tage fuhren, um in dieser Zeit mal eben für sechsstellige Beträge zu ordern. Der Stress war ungeheuer. Wir hatten bei jeder Firma nur wenig Zeit, die Models wurden mit der neuen Kollektion an uns vorbeigejagt, und wir hatten sofort zu entscheiden, was wir in welcher Stückzahl und Größe haben wollten. Zum Glück aber hatte man gelegentlich mit den Designern direkt zu tun. Gianni Versace, sein Bruder Santo oder Donatella Versace gaben Tipps. Und Giorgio Armani half, als er eine Bestellung von uns gesehen hatte. »Das würde ich zwar für meinen Kleiderschrank ähnlich kaufen, bringt euch im Geschäft aber nicht weiter«, sagte er und wies uns darauf hin, was demnächst in der *Vogue* abgebildet sei und woran sich dementsprechend unsere Kundinnen sklavisch halten würden.

Das Rad drehte sich immer schneller, auch weil in Mailand von uns immer größere Bestellungen gefordert wurden. Es war kein Bremser da und keiner, der gewarnt hätte – und wenn, wir hätten nicht auf ihn gehört. Bald nahm unser Geschäft solche Dimensionen an, dass wir auf einen Jahresumsatz von einer Million Mark kamen. Wir trieben das Spiel sogar weiter und eröffneten neben dem Geschäft für Damenmode eine Dependance für Herren. Noch eine

Bühne, diesmal mehr in Holz, Schiefer und Chrom, während der erste Laden eher in weißem Marmor gehalten war. Das war zwar optisch schlüssig, nur konnte meine Frau nicht beide Läden führen, und ich war inzwischen lange Wochen in London, um von dort fürs ZDF zu berichten. Um unseren Sohn Jan kümmerten sich in der Zeit rührend meine Eltern.

Was, so frage ich mich heute, trieben wir in dieser Zeit eigentlich? Hin und wieder wurden wir auf große Mode-Partys eingeladen. Auch das eine Bühne, auf der wir Gleiche unter Gleichen waren, aber immer mit dem leisen Gefühl, dass hier etwas Unwirkliches ablief. Unser Spaß war nicht der des Mimen, der vom Beifall umrauscht wird. Auf diesen Festen oder in Mailand hatten wir keine Zuschauer, sondern haben uns wohl vor allem selbst zugeschaut.

Der Wechsel zwischen der Welt der Mode und der des Fernsehens hatte zwar etwas Schizophrenes, war aber kein Problem, denn zwischen beiden Welten gab es keine Verbindung. Ich bin artig zum Dienst gefahren und habe mich beim ZDF nicht als Modezar geriert. Meine Kollegen registrierten das andere Leben kaum, während es in Mailand niemanden interessierte, dass ich beim deutschen Fernsehen arbeitete. Das klingt ausbalanciert und war in Wirklichkeit verrückt überladen. Trotz der großen Umsätze waren die Gewinne bescheiden, und das Risiko blieb hoch. Rücklagen hatten wir keine, und nach gut vier Jahren begann die Zeit der Magenschmerzen und durchwachten Nächte. 1984 im Urlaub spielte Jan im Sand, und Ria weinte. Während der vermeintlich schönsten Tage des Jahres wurde uns eröffnet, dass wir aus Mailand keine neue Ware mehr bekommen sollten, weil eine Rechnung offen geblieben war. Ich rief an und konnte noch einmal das Schlimmste verhindern. Doch im Grunde bewegten wir uns bereits auf den Abgrund zu. Nun rächte sich meine Hybris. Ein Konzept zu entwerfen hatte mir Spaß gemacht, das Alltägliche abzuarbeiten blieb jedoch an meiner Frau und am Geschäftsführer des Herrenladens hängen. Außerdem wurde die Kundschaft flexibler und fuhr häufiger nach Frankfurt oder gar direkt nach Mailand, der Reiz des Neuen hatte sich in Wiesbaden verbraucht. In kürzester Zeit türmten sich Schulden auf.

Unser Mann auf der Bank merkte, was los war. Als wir dringend 50000 Mark brauchten, um weitermachen zu können, sagte er: »Sie können den Kredit bekommen, nur werfen Sie gutes Geld schlechtem hinterher.« In diesem Moment hatte er einen Ton getroffen, der mich zum Glück erreichte. Ein radikaler Schnitt war die richtige Entscheidung, mit 250000 Mark Schulden, für die ich die letzte Rate 2001 bezahlt habe. Ich verließ die Nebenbühne und konzentrierte mich auf die eigentliche. Fast jedenfalls.

Mich schaudert es, wenn ich mich an diese Zeit erinnere. Denn mit der Halsstarrigkeit und dem finanziellen Hasardieren war es noch nicht vorbei. Obwohl hoch verschuldet, kauften wir ein altes Bauernhaus samt Scheune in Klein-Winternheim, einen Hügel hinter Mainz. Teuer war es zwar nicht, musste aber von Grund auf renoviert werden. Nach einiger Zeit erklärte mir die Bank, dass ich nicht einfach die Rechnungen der Handwerker schicken könne ohne vorher bewilligte Kredite. Also nahm ich die Sache selbst in die Hand, genauer: den Vorschlaghammer. Der Umbau war fast ein Neubau, denn nur die Grundmauern blieben noch stehen. Zunächst einmal mussten 16 Tonnen Schutt abtransportiert werden, was auch meine Nachbarn beeindruckte. »Mer dachte, Sie sind so aan Schnösel vom Fernseh und kriege kaan Hammer hoch«, hieß es, und dann halfen sie mir auf unserer Baustelle. Einen Architekten gab es nicht, die Planung machte ein Zimmermann, der meine Wünsche umsetzte, so abstrus sie ihm auch vorkamen.

Ob es an dieser Stelle um den Bau einer Familienbühne ging, ich weiß es nicht. Wie bei unserem Abenteuertrip in die Modewelt war jedoch noch etwas anderes wichtig: Ich wollte mir keinen Traum versagen. Weder den von der Boutique noch den vom maßgeschneiderten Landhaus. Das hätte ich mir nie verziehen, viele Jahre lang einen Haufen Schulden abzutragen sehr wohl.

9 Ende des Generalismus

Als ich im Frühjahr 1981, fälschlich für einen Irland-Experten gehalten, zum ersten Mal nach Belfast flog, gab es noch keinen Modeladen für Männer, und die Pleite war in weiter Ferne. Am ersten Abend traf ich bei einem Zwischenstopp in London einen dort lebenden deutschen Kameramann, der sich in Nordirland auskannte. Am nächsten Tag waren wir in Belfast. Es war eine Phase, in der sich der Konflikt erneut zuspitzte. Es gab fast pausenlos blutige Straßenschlachten zwischen Protestanten und Katholiken. Dabei konnte es passieren, dass man von britischen Soldaten plötzlich gestoppt wurde, weil nur wenige Meter entfernt mitten auf der Straße ein brennender Bus stand, der entführt und gesprengt worden war. Er gab Schießereien und Bombenanschläge, Bürgerkrieg.

Ich blieb fast ein Dreivierteljahr dort und etablierte mich in der Berichterstattung aus Großbritannien. Nachdem Nordirland langsam aus den Schlagzeilen verschwunden war, machte ich mit einer Art von ausgedehnter Ferienvertretung aus London weiter. 1982 beim Falklandkrieg war ich wieder dort, zur Zeit der Weltmeisterschaft in Spanien. Fußball war die ganze Zeit über mein Hobby geblieben. Ich hatte in London sämtliche Erstligavereine abgeklappert und ging an jedem Wochenende ins Stadion. So begleitete ich den Falklandkrieg zwar sehr ernsthaft, verpasste jedoch kein WM-Spiel, denn im Schneideraum lief nebenher immer ein kleiner Fernseher.

Nach dem Falklandkrieg gab es Parlamentswahlen, zwischendurch habe ich hier und da kleine Randgeschichten geliefert und irgendwann stellte sich die Frage, mich ganz offiziell zum London-Korrespondenten zu machen. Mit meiner Arbeit waren alle einverstanden, aber ich war mit 33 Jahren zu jung, freier Mitarbeiter, und dass ich parteilos war, erwies sich als besonders misslich. Die Korrespondentenposten wurden nämlich streng nach der politischen Farbenlehre vergeben. London war eine wichtige Stelle, reserviert für einen Sozialdemokraten oder für einen Christdemokraten und auf keinen Fall für einen Parteilosen. Zwar wurde hinter den Kulissen ein bisschen gerungen, doch letztlich war nichts zu machen.

Damit war ich wieder in den Generalismus zurückgeworfen, den ich früher so geschätzt hatte, der mir aber nun immer mehr missfiel. In Nordirland hatte ich zunächst einen klar umgrenzten Konflikt begleitet. Ich kannte die handelnden Personen und konnte etwa den heutigen Vorsitzenden von Sinn Fein, Gerry Adams, der damals Pressesprecher war, direkt anrufen. Ich hatte ein Feld beackert und sehr viel tiefer gepflügt als zuvor. In London wurde das Feld zwar größer und hieß plötzlich Großbritannien, aber ich war für die Auswahl der Themen verantwortlich. Ich verfolgte die politischen und kulturellen Diskussionen im Land aufmerksamer und gründlicher als beim Themen-Hopping, das mir in Mainz wieder bevorstand.

Für mich war die Rückkehr ein Schock und löste eine Trotzphase aus. In Mainz musste ich morgens ins Archiv, drei Meldungen über Nicaragua zusammenstöpseln und sie abends mit sonorer Stimme vortragen. Plötzlich erschien mir das Oberflächliche, was mir so lange an meinem journalistischen Generalismus gefallen hatte, als quälend. Mir war schon lange klar gewesen, dass man, bei allem Fleiß, weder in 35 Sekunden noch in drei Minuten die Problematik Nicaraguas in ihrer ganzen Vielfältigkeit auffächern kann. Doch nun frustrierte es mich.

Ganz arg wurde es im Spätherbst 1983, als ich freitagabends den Auftrag erhielt, montags einen Beitrag im Krebsforschungszentrum Heidelberg zu machen. Ich wollte das eigentlich nicht, weil ich mich mit dem Thema nun überhaupt nicht auskannte und zudem unser Archiv am Wochenende geschlossen hatte. »Irgendwie machst du das schon«, sagte Peter Voss, heute Intendant des SWR und damals Leiter des »heute«-Journal. Es kam so, wie es kommen musste. Ich traf am Montag auf fünf Professoren in weißen Kitteln und versuchte mit etwas Geplapper und ein paar Notizen über die Runden zu kommen. Sie merkten sofort, dass ich keine Ahnung hatte und schlecht vorbereitet war. Weil es um mehr ging als die Eröffnung einer Landesgartenschau, waren sie böse und bald nicht mehr besonders nett zu mir. Ich konnte die Herren gut verstehen, und als ich zurückkam, merkte Voss, dass ich sehr verärgert war. Später am Abend, der Beitrag war noch halbwegs anständig geworden, sagte er: »Na siehst du, es ging doch.« Doch da war bei mir schon innerlich der Bruch passiert: Ich wollte kein Generalist mehr sein.

Da passte es genau, dass mich Dieter Kürten, der am

1. Januar 1984 die Nachfolge von Hans-Joachim Friedrichs als Sportchef antreten würde, fragte, ob ich nicht in die Sportredaktion wechseln wolle. Meine Nähe zu ihm war über gemeinsames Fußballspielen gewachsen, denn schon lange kickte ich im Team der Sportredaktion mit, ohne ihr anzugehören. Kürten mochte mich und umgekehrt, und Glück ist, wenn Zufall auf Bereitschaft trifft. Er bot mir zudem eine Festanstellung, an die ich damals noch nicht hatte, und das auf einer hochrangigen Stelle. In Zeiten der in Schieflage geratenen Modegeschäfte war diese Sicherheit ebenfalls ein Aspekt.

Im noch nicht publik gemachten Wissen, dass ich wechseln würde, ging das Jahr zu Ende, als mich Voss in sein Zimmer bat: »Ich merke ja, dass du sauer bist, und deshalb müssen wir das anders machen. Du wirst Chefreporter des ›heute‹-Journal.« Ich antwortete ihm: »Peter, das ist schön, aber zu spät, ich bin ab dem 1. Januar beim Sport.« Er war fassungslos, dass ich vom »richtigen Journalismus« zum Sport absteigen wollte, aber selbst sein überaus attraktives Angebot irritierte mich nicht mehr. Früher hatte ich nicht zum Sport gewollt, weil ich mein Hobby nicht durch den Beruf belasten wollte. Nachdem mir das für mich Unredliche des Generalismus noch einmal deutlich vorgeführt worden war, erschien mir Sport-Journalismus im Vergleich dazu als redlich. Dort würde ich auf einer sicheren Basis von Wissen aufbauen, und das war ein Sprung in die Freiheit.

10 Immer am Puck

Eishockey zu lieben ist einfach. Lange bevor man das Spiel wirklich begriffen hat, ist es faszinierend. Das Tempo ist enorm, und selbst in einem schlechten Spiel passiert permanent etwas. Wen immer ich mitgenommen habe, der vorher noch nie beim Eishockey war, fand es sofort toll. Vor allem, wenn man unten an der Bande steht und durch die Plexiglasscheibe schaut, denkt man sofort: Mensch, da ist die Hölle los. Wer nur ein wenig Spaß an Mannschaftssport hat, wird von Eishockey selten abgeschreckt und kann sich meist sehr leicht hineinfinden. Mir ging es jedenfalls so, als wir Ende der sechziger Jahre von Kaiserslautern nach Heidelberg gezogen waren. Einige Freunde waren Eishockey-Fans, nahmen mich mit, und bald wurde daraus ein soziales Ereignis. Am Freitagabend oder am Sonntag haben wir uns getroffen, ins Auto gesetzt und sind die paar Kilometer nach Mannheim gefahren. Wir haben uns eine Tüte Maroni geholt, einen Glühwein und dann Eishockey angeschaut, selbst wenn es oft eiskalt war, weil das Eisstadion noch nicht überdacht war. Im Laufe der Zeit wurde der damalige Mannheimer ERC, heute Adler Mannheim, zu einer Liebe, wie es der 1. FC Kaiserslautern im Fußball war.

Eishockey hatte mich fortan eigentlich immer interessiert; ich hatte nach dem Wechsel in die Sportredaktion gleich Berichte über Eishockey für die »Sport-Reportage« abgeliefert, und Dieter Kürten suchte noch einen Kommentator für die Weltmeisterschaft 1985 in Prag. Mein erstes Jahr in der Sportredaktion war großartig gewesen. Ich war mit zur Fußball-Europameisterschaft in Frankreich gefahren und hatte von dort Hintergrundberichte machen dürfen. Ich gehörte zum Team für die Olympischen Spiele in Los Angeles und hatte einige längere Filme gedreht, aber live kommentiert hatte ich noch nicht. Ich hatte es eigentlich auch nicht vor, doch Kürten hatte es sich offensichtlich in den Kopf gesetzt.

Nur, geübt hatte ich es vorher nie, obwohl es nötig gewesen wäre, wie sich bei der Geisterbahnfahrt einige Tage vor Beginn der Eishockey-WM zeigte. In München absolvierte Deutschland nämlich ein Testspiel gegen die UdSSR, und ich sollte die Live-Übertragung in 3 sat kommentieren. Also weitgehend unter Ausschluss der Öffentlichkeit, denn 3 sat war noch nicht diese aus der Medienlandschaft kaum wegzudenkende Säule. Damals ging es mehr nach der Frage: Haben wir heute irgendwas zu senden? An jenem Tag war es das Waterloo des Debütanten Reif.

»Meine Damen und Herren, ich begrüße Sie hier aus der Olympiahalle in München zum Anfangs-Bully des Länderspiels Deutschland gegen …«, wollte ich die übersichtliche Zahl der Zuseher gerade auf die Begegnung einstimmen, da stand es schon 1:0 für die Sowjetunion. Keine zehn Sekunden hatte es gedauert, und ich dachte: »Puh, das geht aber schnell hier.« Ich begrüßte zu Ende, dann kam das Tor noch einmal in der Zeitlupe, und ich sagte: »Das war …« Nur, wer es war, konnte ich nicht richtig erkennen, fand den Zettel mit den Namen und Rückennummern nicht und hätte direkt losschluchzen können. Neben mir saß Eishockey-Legende Alois Schloder, den man mir für die Weltmeisterschaft als Fachberater zur Seite gestellt hatte, und tätschelte mir beruhigend die Schulter. Danach wollte ich eigentlich hübsche Anekdoten über den russischen Torhüter Tretjak zum Besten geben, da fiel auch schon das 2:0. Ich raschelte wieder mit meinen Zetteln, auf der Suche danach, wer eigentlich die Nummer 21 war. Kurzum, der Fall kam nach dem Hochmut.

Ich war großkotzig genug gewesen zu glauben, es so zu können. Ich hatte nichts an Handwerk mitgenommen und mich auf die Liebe zu diesem Sport und etwas Eloquenz verlassen. Wäre es nach mir gegangen, hätte ich mich nach dem ersten Drittel in München erhoben, die Tränen der Wut und Scham getrocknet, mich noch mal geschnäuzt und nie mehr eine Eishalle betreten. Die folgenden Drittel waren in Ordnung, jedenfalls fand Dieter Kürten das – er war mir damals sowieso wohlgesonnen. Es war die Zeit, da die zarten Bemerkungen junger Mitarbeiter in der großen Redaktionskonferenz am Montag, die Zuschauer sähen doch vielleicht lieber dieses oder jenes, von ihm vehement abgebügelt wurden. Dann bekam er ein leichtes Pochen an den Schläfen und sagte: »Der Zuschauer bekommt das zu sehen, was wir ihm zeigen.« Und Kürten wollte dem Publikum diesen Marcel Reif zu Gehör bringen, also fuhr ich nach Prag.

Erst später habe ich die eisernen Regeln gelernt, wie man Eishockey reportiert. Wenn man etwas erzählen will, muss es während der Wechsel passieren. Es gibt eine Unterbrechung, dann steigen die Spieler über die Bande, und bis sie wieder angefangen haben, ist genug Zeit, alles loszuwerden. Ansonsten muss man kürzere Sätze machen oder einfach nur Namen nennen. Für Subjekt, Prädikat, Objekt und alle Adverbien ist der Sport zu schnell. Da fallen drei Tore, bis der Satz raus ist. Eishockey ist der schnellste Mannschaftssport, und wer diese Tatsache nicht verinnerlicht, den kostet es den Kopf.

Später, als ich Fußball und Eishockey parallel kommentierte, gab es immer wieder das Problem, zwischen beiden Sportarten umzuschalten. Kam ich vom Eishockey zum Fußball zurück, dachte ich: Das sind ja nur elf Mann. Die sind alle auf dem Platz: Da werden keine Angriffs- oder

Abwehrreihen durcheinander gewechselt. Dieser Riesenball, den man immer sieht, fliegt stundenlang in Zeitlupe durch die Luft und saust nicht wie der Puck kaum erkennbar übers Eis. Ich will nicht sagen, dass Eishockey schwieriger zu kommentieren ist, denn als ich es begriffen hatte, war es kein Problem mehr. Nur vorm Wechsel zwischen beiden Sportarten hatte ich Bammel.

Neben Fußball war Eishockey mein Sport geblieben und Wayne Gretzky mein Gott. Als er Anfang der 90er Jahre bei den Los Angeles Kings spielte, haben wir einen Film für den »Sportspiegel« gemacht, in dem wir NHL und NBA einander gegenüberstellten. Eishockey und Basketball in den USA aus Sicht der deutschen Profis Uwe Krupp und Detlef Schrempf, mit den großen Stars Michael Jordan und Wayne Gretzky im Mittelpunkt. Ich hatte den Eishockey-Part, und der erwies sich als schwierig. »German Television« fanden sie bei den L.A. Kings nicht wirklich beeindruckend. Wir wurden zu einem Training bestellt, das ausfiel. Wir flogen dem Team nach Edmonton hinterher und bekamen auch dort kein Interview mit Gretzky. Am nächsten Morgen gingen wir in Los Angeles wieder zum Training, und wahrhaftig war dort der große Gretzky endlich auf dem Eis.

Kurz vor zwölf Uhr geht die Kabinentür auf, und er kommt heraus. Ich nehme allen Mut zusammen und frage, ob wir ein Interview führen können. »Da hätten Sie früher kommen müssen, ich hatte schon vor dem Training zwei Interviews und möchte jetzt zu meinen Kindern nach Hause, sorry«, sagt er höflich, aber bestimmt, und lässt mich stehen. Als ich ihm mehr im Selbstgespräch hinterhermurmle, dass ich ihm von Europa nach Los Angeles, von dort nach Edmonton und wieder nach Los Angeles gefolgt sei, bleibt er stehen und sagt: »Also gut, aber nur ein paar Minuten.« Es wurde dann eine halbe Stunde, und ich war selig. Denn am Ende unterschrieb er mir noch ein Trikot mit seinem Namen und seiner Rückennummer 99, das ich vorher gekauft hatte. Dieses Trikot ist heute unter Glas, hängt zu Hause an der Wand und ist mir heilig.

Bis 1994 fuhr ich zu allen Eishockey-Weltmeisterschaften und Olympischen Winterspielen. Das Eishockey-Finale in Lillehammer wurde eines der schönsten Sporterlebnisse meines Lebens. Ich hatte mir vorher so viele Spiele des Turniers angesehen wie nur möglich. Selbst wenn ich nicht kommentieren musste, saß ich da und bestaunte großes Eishockey. Wenn die Russen in Schwung kamen, konnte man es sogar hören. Dann glitten ihre Kufen in einer Perfektion über das Eis, wie sie nur in wenigen Sportarten erreicht worden ist. Man hörte das Geräusch der Schlittschuhe und wusste, das ist kein wildes Durcheinander, sondern sie halten ihre Formation und lassen die Gegner ins Leere laufen.

Trotzdem waren sie im Finale von Lillehammer nicht dabei. Dennoch wurde das Spiel zwischen Schweden und Kanada der dramaturgische Höhepunkt eines Turniers, in dem ich versunken war. Ich kannte beide Mannschaften fast blind, und im Endspiel steigerten sie sich auf ein phantastisches Niveau. Um einen Sieger zu ermitteln, brauchte es schließlich ein Penalty-Schießen. Eigentlich war das ein Alptraum für mich, denn es bedeutete, dass mir nur 20 Minuten blieben, um zur Sprungschanze zu rasen und die Schlussfeier der Olympischen Spiele zu kommentieren, was zu übermäßiger Adrenalinausschüttung führte. Andererseits war ich so gefesselt vom Spiel, dass ich längst durch die Reportage flog. Ich hatte die letzten zehn Minuten bereits im Stehen kommentiert, um überhaupt etwas zu sehen. Die Zuschauer standen auf den Stühlen, so grandioses Eishockey erlebten sie. Ich war nur dem Spiel gefolgt, alles hatte sich von selber erzählt, in den schönsten Regenbogenfarben. Nun kulminierte das Finale im Penalty-Schießen und ließ mich wie auf einer Wolke reportieren. Es gab kein Nachdenken und keine Arbeit mehr, ich war mit dem Spiel verwachsen. Das großartige Ereignis und darüber in absoluter Sicherheit sprechen zu können, diese Symbiose löste bei mir Euphorie in ihrer schönsten Form aus. In dieser Stimmung bin ich zur Schlussfeier gefahren und habe sie so über die Bühne gebracht, dass ich für ihre Kommentierung vom Nationalen Olympischen Komitee mit einem Preis ausgezeichnet wurde. Das war schön, gelöst aber hatte meine Zunge das Eishockey-Spiel, oder vielleicht hatte an dem Tag jemand beschlossen, dass ich ein ganz besonderes Bonbon bekommen sollte.

Trotzdem ist mir Eishockey im Laufe der Jahre abhanden gekommen. Es gibt Kollegen, die reportieren sechs oder sieben Sportarten und dazu noch ein bisschen Fußball. Ich kann das nicht. Vielleicht liegt es an meiner alten Skepsis gegenüber dem Generalismus, oder auf meine Festplatte passt nur Fußball. Andererseits habe ich früher elf Fußballspiele im Jahr kommentiert, heute sind es mindestens 50. Der Kontakt zum Eishockey jedenfalls riss bei meinem Wechsel zu RTL 1994 ab, weil es dort keine Senderechte dafür gab. Heute interessiert mich zwar noch, wer in den Play-offs erfolgreich ist, genauer mag ich seit den diversen Umbauten im deutschen Eishockey mit all den juristischen Händeln nicht mehr folgen. Die Orientierung an der NHL, der Verzicht auf den Auf- und Abstieg erschien mir maßlos. Aus meiner Sicht wurde Eishockey damals ins Niemandsland geführt, und selbst wenn inzwischen langsam wieder der Rückweg angetreten worden ist, mich haben sie dabei verloren.

11 Wie ich einmal Wolfgang Overath tunnelte

Muss man Fußball gespielt haben, um Fußball zu verstehen? Früher glaubte ich das so wenig, wie man Instrumente beherrschen muss, um ein Gehör und Verständnis für Musik zu haben. Wenn ich allerdings begründen und kommentieren muss, warum ein Pianist ein bestimmtes Stück besser interpretiert als ein anderer, wäre vielleicht ein bisschen eigene Blockflöte sinnvoll. Aber hatte ich nicht Eishockey kommentiert, ohne es je selbst gespielt zu haben? Inzwischen wundere ich mich über meine Chuzpe, und das bei einer Sportart, die über das natürliche Laufen hinausgeht, mit einem Stock in der Hand betrieben wird und einem Ball, der eine Hartgummischeibe ist. Hans Zach, einer der größten Eishockeytrainer unseres Landes, fand es sogar ungehörig. Als er bei einem Spiel mein Co-Kommentator war, hat er mir bei allem, was ich sagte, umgehend widersprochen. Selbst, wenn er hinterher nichts anderes sagte, hob er zunächst einmal an: »Nein, das muss man ganz anders sehen …«

Nun wird man Fußball auch kommentieren können, wenn man nie gespielt hat. Doch es gibt in jeder Partie ein paar Situationen, in denen man dank praktischer Erfahrung fast automatisch zu einer zutreffenden Einschätzung kommt. Mitunter wird zu leichtfertig gesagt, dass ein Stürmer die Torchance »stümperhaft« oder »kläglich« vergeben hat. Dann wünsche ich manchmal, dass der Reporter jemals selber einen Ball so hätte annehmen müssen.

Es geht nur um Details, aber die können wichtig sein. Ein Pressschlag löst nämlich nicht nur einen bestimmten Schmerz aus, er kann dem Ball auch eine bestimmte Drehung geben, sodass ihn beim Aufkommen nur ein Meister des Sports unter Kontrolle bekommt. Es gibt eine Flugbahn des Balles in einer Höhe, wo man ihn wunderbar volley nehmen kann, und alle jubeln. Es gibt eine Höhe, da kann man ihn bestens mit dem Kopf nehmen, und alle jubeln. Aber es gibt einen Ball in einer Höhe dazwischen, die lässt einen wie den größten Tölpel aussehen – und alle pfeifen. Man steht völlig frei vor dem Torhüter, der Ball kommt genau in dieser Höhe, und man kann eigentlich nichts machen – abgesehen von den ganz Großen. Wer das einmal erlebt hat, wird es einzuschätzen wissen. Und das ist wichtig, denn zu kommentieren bedeutet, etwas zu bewerten. Wenn ich das mache, sollte ich über ein Instrumentarium zur Bewertung verfügen.

Je näher man einmal dem Niveau war, über das man zu urteilen hat, desto besser. Ich kann aber nicht verlangen, dass alle Reporter einmal Profifußball gespielt haben. Genauso, wie ein ehemaliger Spieler oder Trainer nicht notgedrungen der beste Moderator oder Kommentator sein muss. Schließlich sind es zwei verschiedene Berufe, bei denen es um eine Reihe von Talenten geht. Nur, wenn man sich hineinversetzen kann, macht es sicher.

Ich gehörte in meiner Jugend zwar dem Orden der weinroten Ritter von Kaiserslautern an, es wäre aber Geschichtsklitterung, daraus eine durch Irrwege des Schicksals verpasste Karriere als Fußballprofi zu konstruieren. Bereits im ersten Jahr in der A-Jugend wurde die Luft für mich dünner, als der Klub begann, Talente aus der Umgebung zum Betzenberg zu holen. Es waren also nicht mehr nur die größten Talente der Stadt im Team.

Als ich meinen Eltern 1967 nach Heidelberg folgte, spielte ich zunächst noch weiter für den 1. FC Kaiserslautern. Ich habe im Laufe der Woche beim DSC Heidelberg trainiert und bin samstags mit dem Zug nach Kaiserslautern gefahren, um dort aufzulaufen. Der DSC Heidelberg war eine Wiederbelebung des Dresdner SC, dessen Spieler um den späteren Bundestrainer Helmut Schön Anfang der 50er Jahre geflüchtet waren und ihren Klub in Heidelberg neu aufgebaut hatten. Den Pendelverkehr von Heidelberg nach Kaiserslautern stellte ich dann ein, als es um die Frage ging, ob ich Abitur machen sollte oder ob es doch zum Profifußball reichte. In diesem Zusammenhang hatte ich einen klaren Moment der Einsicht in meine fußballerischen Fähigkeiten. Es war nämlich so: Wenn wir führten, konnte ich auf dem Spielfeld der große Denker und Lenker sein, war ich der Setzer von Akzenten und Ausrichter rauschender Feste. Lagen wir zurück, war es mit all dem Jonglieren, Zaubern und Tricksen vorbei. Man kann auch ganz schlicht sagen, dass zum Fußballprofi mehr fehlte, als da war, und der vage Traum davon sollte einen soliden schulischen Abschluss nicht gefährden.

Fußball allerdings wollte ich weiter spielen, und beim DSC Heidelberg fanden sie zunehmend Gefallen an meiner Art. Sie boten mir an, in ihrer ersten Mannschaft zu zaubern, und das schmeichelte mir als 17-Jährigem schon, selbst wenn es nur die zweithöchste Amateurliga war. Also beschloss ich, älteren Männern den Ball durch die Beine zu spielen, und begann eine lange, wechselvolle Rundreise durch die Fußballprovinz.

Heiner Überle, der später als Trainer mit dem SV Alsenborn fast in die Bundesliga aufgestiegen wäre, holte mich zunächst zum TuS Altrip, der damals in der ersten Amateurliga spielte. Dorthin kam ich mit Überles jüngerem

Und dann alten Männern den Ball durch die Beine spielen. Mit 17 Jahren im Trikot des DSC Heidelberg

Bruder Günther, Torwart und bis heute ein guter Freund. Die familiären Verstrickungen machten es für uns schwerer, deshalb riet uns Heiner, zum ASV Feudenheim in die Amateurliga Nordbaden zu wechseln, wo sein Bruder und ich unsere Freundschaft bei einem Spiel in Sandhausen besonders vertieften. Als Günther am Kopf getroffen wurde, trugen sie ihn vom Platz und bestellten den Krankenwagen. Als der eintraf, konnte ich gleich zusteigen, denn inzwischen hatte ich mir den Zeh gebrochen.

Der Höhepunkt meiner Tournee durch den Südwesten war bei der Spielvereinigung Weisenau in Mainz erreicht. Auch sie war nicht unbedingt das Real Madrid der Gegend, spielte aber immerhin in der Regionalliga Südwest seit deren Einführung 1963/64 ununterbrochen und stand zwischendurch sogar vor dem Lokalrivalen FSV Mainz 05. Davon war Ende 1969 allerdings nicht mehr die Rede, als ich zum Studium nach Mainz kam. Denn, um es vorwegzunehmen, es wurde die letzte Saison des Klubs in der Zweitklassigkeit. Bei meinem guten Dutzend Spielen in der zweithöchsten Klasse konnte ich den unglücklichen Abstieg aufgrund des Torverhältnisses nicht abwenden. Im nächsten Jahr ging es in Mainz weiter die Klassen hinunter zu Fontana Finthen und in der nächsten Saison zur Fußballvereinigung Mombach, wo es zur erwähnten Wiederbegegnung mit Werner Liebrich kam. So richtig Spaß machte es dort aber nicht mehr, denn selbst in der ersten Amateurliga musste man große Strecken zu den Spielen zurücklegen. Es ging bis nach Pirmasens oder hinter Ludwigshafen, und weil wir mit der Reservemannschaft im selben Bus fahren mussten, war Abfahrt oft schon um halb elf Uhr morgens. Als Student hatte ich den Samstagabend natürlich im Seminar verbracht – bis in die Puppen. Frühstück gab es vor der Abfahrt auch nicht, und wenn die Reserve spielte, stand ich draußen rum und kriegte Kohldampf. Die durchgeweichten Pommes frites dufteten verführerisch, ich gab der Verführung nach und bekam im Spiel schon nach fünf Minuten Seitenstechen.

Die große Karriere war vorbei. Als ich 1972 nach Wiesbaden zog und beim ZDF freier Mitarbeiter wurde, stieg ich sukzessive die Leiter hinunter. An den TuS Hahn im Niedertaunus erinnere ich mich jeden Morgen, wenn ich im Spiegel die Narbe sehe, die nach einem Winkelriss der Unterlippe geblieben ist. Mein vorletzter Verein war die SpVgg Nassau mit ihren wunderbaren hellblauen Trikots, wo ich gleich zum Kapitän gemacht wurde. Zum Hüter der Fußballkunst wurde ich dort nicht und hatte eigentlich keine Lust mehr. Ich wollte nur noch Spaß haben, mich nicht durchsetzen oder arrangieren müssen. Spätestens, als mir nach einem Fehlpass der Platzhirsch im Team zurief: »Lass dir mal die Füße auswuchten.«

Fußball war damals noch weitgehend ein Sport der Arbeiterklasse und ich als ehemaliger Student und Mann vom Fernsehen per se verdächtig. In Mainz hatten immer ein oder zwei Studenten mitgespielt, in Nassau war ich eher ein Alien. Ich habe also sehr wohl nach dem Training noch ein Bier mitgetrunken und das Spiel bald im hessischen Dialekt dirigiert und nicht im Seminarton. Aber irgendwann war es für mich dann genug der Arrangements.

So hatte ich schon für ein halbes Jahr aufgehört, als ich zum Finale der Fußballkarriere noch bei einem kleinen Rotlichtclub landete. Der war 1976 gerade neu gegründet worden, und ich weiß wirklich nicht mehr, warum ich es gerade dort noch einmal versuchte. Offensichtlich hatte ich nicht genau hingeschaut, doch bei unserem ersten Spiel war es nicht zu übersehen: Draußen am Spielfeldrand führten Damen ihre weißen Pudelchen spazieren, und am Arm ihrer Herren glänzten schwere Rolex-Uhren. So seltsam es klingen mag, ich habe mir bei diesem Verein sogar einen Platz in den Geschichtsbüchern gesichert: Ich schoss beim ersten Punktspiel nämlich das erste Tor. Doch schon zur Halbzeit kamen mir Zweifel. Wir führten zwar hoch, aber in der einen Ecke der Kabine wurde geraucht, und in der anderen gingen zwei Mitspieler aufeinander los. Da kam mir der Verdacht, dass es mit meinen heiligen Werten des Fußballs, die in Warschau und Kaiserslautern geweckt und gepflegt worden waren, gerade gewaltig den Bach runterging. Außerdem fanden unsere Mannschaftstreffen bald in einem Etablissement am Rheinhafen statt, wo man zunächst an den Damen vorbeimusste. Dann kamen die Séparées, und hinten war unser Zimmerchen für die Spielersitzung. Das hatte zweifellos Charme, doch der war Mitte der Saison endgültig erschöpft. Also habe ich mich von meinen Kameraden verabschiedet und wurde Freizeitfußballer.

Eine schöne Möglichkeit dazu bot die Mannschaft des ZDF-»Sportstudio«. Wir trafen uns einmal die Woche und genossen in der Halle die Freuden des Freizeitsports – und seine Leiden. Wenn man gegen gute Leute spielt, weiß man, was passiert. Mit weniger opulentem Talent ausgestattete Kicker sind hingegen schwer auszurechnen. Einige Kollegen wurden auf dem Spielfeld zu Häckselmaschinen, besonders Rolf Angermann und Hennes Henn waren blind engagiert. In der Halle, wo es besonders eng zugeht und man nicht auf weichen Rasen fällt, ist Nicht-Können und Umso-mehr-Wollen eine Horrorkombination.

Hart war's und auch herzlich, wenn wir anschließend zusammen gegessen haben, und für mich völlig unbelastet, weil ich mit den Jungs beruflich noch nichts zu tun hatte. Keine unbezahlten Rechnungen und keine Diskus-

Entschlossen gegen 18-jährige Pfarrer und Bürgermeister. Mannschaft des ZDF mit (hintere Reihe v. l.) Norbert Geis, Markus Jaestedt, Achim Günther, Jörg Dahlmann, Eberhard Figgemeier, Andreas Lauterbach, Marcel Reif, Bernd Heller, Michael Palme, (vordere Reihe v. l.) Christoph Hamm, Wolfgang Sell, Martin Quast, Sepp Ortmaier

sionen, wieso ich von einem Spiel berichten durfte und nicht der Kollege. Zwei Mal im Monat ging es mittwochabends zu Benefizspielen. Die Mannschaft des ZDF-»Sportstudio« hat heute noch rund um Wiesbaden und Mainz einen guten Ruf. Auch damals war es sehr schön, wenn der Geruch von leicht fettigem Schwenkbraten über den Platz wehte. Hinterher gab's Fritten mit Bratwurst und ein Pils, und das hatten wir uns meistens verdient. Vor diesen Spielen hieß es nämlich, wir würden gegen die Bürgermeister und Pfarrer aus der Gegend antreten. Dann wunderten wir uns darüber, wie viele 18-jährige Bürgermeister und Pfarrer es hierzulande gab und dass die immer zur Halbzeit eingewechselt wurden. Die haben es uns ordentlich gegeben, nach dem Motto: »Ich zahle ja schließlich auch meine Fernsehgebühren.«

Das höchste Niveau, auf dem ich jemals Fußball gespielt habe, erreichte ich viele Jahre später in Köln. Als ich 1994 zu RTL wechselte, lernte ich Mathias Hönerbach, den ehemaligen Profi des 1. FC Köln, über meine zweite Frau Sandra kennen. »Wir spielen mit ein paar Alten montags in der Halle vom Geißbockheim«, sagte er, und als ich da hinkam, musste ich feststellen, dass mit Overath, Cullmann, Glowacz, Flohe, Strack, Engels und Hönerbach nur ehemalige Spieler des 1. FC Köln dabei waren. Da ich die meisten im Laufe der Jahre kennen gelernt hatte oder sie mich vom Fernsehen akzeptierten, durfte ich mitmachen. Daraus ergab sich privater Kontakt, der auf beste Weise kölsch war. So habe ich eine Stereoanlage von Wolfgang Glowacz gekauft und mit Gerd Strack in seiner Stammkneipe Skat gespielt. Da trafen nicht die Größen des Sports auf eine Nase des Fernsehens, sondern man hatte einfach miteinander zu tun im Veedel.

Für mich war die Einladung zum Fußball auch deshalb geradezu aufregend, weil die Kölner seit den ersten Bundesligajahren für uns Lauterer etwas Besonderes gewesen waren. Wie mir die Spieler des 1. FC Köln damals vorkamen, müssen sich Menschen heute dem Papst nähern, wenn sie entsprechend disponiert sind – völlig beseelt. Offiziell mochten wir sie zwar nicht, weil sie als der FC Bayern jener Tage daherkamen. Aber genau wie sie waren, wollten wir mal werden. Im Laufe der Jahre ist der 1. FC Köln daher zu meinem zweiten Klub gewachsen, nachdem sich Neid zu Bewunderung und Herzensnähe gewandelt hatte.

Und nun durfte ich sogar mit den alten Helden zusammen spielen, in einer alten Sporthalle, deren Boden damals nur geteert war. Wenn man es mit normalen Menschen zu tun hat, kann man nach einem nicht genau gespielten Pass stehen bleiben, abwinken, sich ein wenig echauffieren und diese Zeit nutzen, um wieder zu Atem zu kommen. Das gab es mit diesen Spielern nicht. Es gab keine Chance, sich irgendwo zu verstecken und auszuruhen. Wir spielten fünf gegen fünf oder vier gegen vier. Jedes Anspiel kam genau, und ich musste mich sofort wieder freilaufen. Spielen, gehen, spielen, freilaufen, spielen, das war der Rhythmus. Nach zehn Minuten wartete ich vor Erschöpfung auf das Ende. Aber es gab auch Tage, an denen ich reüssieren konnte. Und es waren große Erfolgserlebnisse, wenn Wolfgang Overath sagte: »Man sieht, dass du früher gekickt hast.« Overath war nämlich selbst 20 Jahre nach dem Ende seiner Profilaufbahn noch der Chef und spielte mit dem gleichen heiligen Ernst wie früher. Deshalb hieß es in der Umkleidekabine bei den anderen: »Kinder, gibt's noch was zu lachen? Dann schnell, Wolfgang kommt.«

Das machte meine spektakulärste Aktion im Geißbockheim so besonders pikant. Es war, kurz bevor ich hyperventilierte und vor Erschöpfung nicht mehr weiter wusste, die Langläufer nennen es den blauen Bereich. In diesem Moment bekam ich den Ball, lief los und vor mir stand Wolfgang Overath. Jetzt konnte ich ihn eigentlich nur umdribbeln. Da hatte ich moralische Bedenken, mehr noch physische, denn es hätte mehrere Schritte um ihn herum bedeutet. Overath wusste das, stand lässig, entspannt und die Beine etwas geöffnet vor mir. In meiner Verzweiflung und einer Unverschämtheit, die durch den nahenden Blackout im Hirn entschuldigt war, ließ ich allen Anstand, allen Respekt und alle Demut fahren – und spielte Wolfgang Overath den Ball durch die Beine.

Offensichtlich beginnen die Fußballkarrieren der Familie im Tor.
Marcel Reif 1958

Ein Beinschuss gegen einen Weltmeister, Europameister und Deutschen Meister, ich hatte sofort das Gefühl, die Welt bleibt stehen. Es wurde erst totenstill in der Halle und aus dieser Stille hörte man: »Hoho« – »Hihi« – »Oh ne!« Wolfgang guckte mich an, und plötzlich wachte ich auf und dachte: Um Gottes willen, in einer Sekunde habe ich mein Leben verpfuscht und das meiner Kinder. Ich habe alles zerstört, was ich mir aufgebaut habe. Ich stammelte los: »Wolfgang, hör zu, das wollte ich nicht, also das musste ich – nein, ich meine, das ging nicht ...« Aber Wolfgang unterbrach mich und sagte: »Lass mal, alles gut.« Obwohl er das wahrscheinlich noch heute wissen wird, weil er ein Gedächtnis wie ein Elefant hat. Doch er hat mir bestimmt verziehen und es als Unfall abgetan, hoffe ich ...

Meinen letzten Einsatz hatte ich im Sommer 2001 in der AOL-Arena in Hamburg. Nach einer Presse-Präsentation von Premiere machten wir einen Kick gegen Journalisten. Franz Beckenbauer war auch da, und ich bat ihn: »Zieh dich um, ich möchte meinen Kindern erzählen können, dass ich mit Beckenbauer gespielt habe.« Aber er wollte nicht, weil er zum 50. Geburtstag zum letzten Mal gegen einen Ball getreten hatte. »Ich guck dir gern zu«, sagte er, also wollte ich noch mal richtig mit schönen 30-Meter-Pässen glänzen. Nach fünf Minuten musste ich aufhören, das Knie wurde dick und musste später arthroskopiert werden. Und einige Tage später fehlte mir nach der Operation ein Stück vom Meniskus. Beckenbauer hatte übrigens gesagt: »Du bist bekloppt, hör auf.« Seitdem halte ich mich an seinen Rat. Wie könnte ich anders – auch wenn es ein weiter Weg dahin war.

12 Der Zauberer

Ich hatte frei, und der Abend kurz vor der Weltmeisterschaft 1986 sollte auf dem Sofa gemütlich mit dem »Aktuellen Sportstudio« ausklingen. Immerhin war Franz Beckenbauer als Teamchef der Deutschen Nationalmannschaft bei Harry Valerien zu Gast. Doch offensichtlich hatte er schlechte Laune mitgebracht – ausgelöst von mir. »Habt's ihr noch so einen, so ein Zauberer, den Reif? Der soll lieber seine politischen Kommentare machen«, sagte Beckenbauer, und mich traf der Schlag. Ich war völlig unvorbereitet, weil ich zu diesem Zeitpunkt zum ersten Mal ein Länderspiel der Deutschen Nationalmannschaft live kommentiert hatte. Aber das reichte schon aus, Beckenbauers Widerspruch zu wecken. Er hatte offensichtlich gehört, dass ich von der Politik gekommen war, und seine

Bemerkung kündete von vermeintlich nicht vorhandenem Stallgeruch. Das machte mich in seinen Augen zu einem, der von einem fremden Planeten gekommen war, wo nie Fußball gespielt wurde. Und der erdreistet sich nun, mit spitzer Zunge das Nest zu beschmutzen.

Als Dieter Kürten mich 1984 in die Sportredaktion geholt hatte, war ich von ihm zunächst mit einem Freifahrtschein ausgestattet worden. Ich sollte Berichte für das »Aktuelle Sportstudio« machen, für die »Sport-Reportage« oder längere Filme für den »Sportspiegel«. Ich durfte mir weitgehend aussuchen, was ich zu tun gedachte, aber als Live-Kommentator am Mikrophon zu sitzen, darüber hatten wir eigentlich nicht gesprochen. Doch offensichtlich hatte Kürten längst beschlossen, mich auf genau diese Bahn zu bringen. Beim Eishockey war er ja bereits sehr energisch vorgegangen, als er mich 1985 fast ohne Erfahrung zur Weltmeisterschaft nach Prag geschickt hatte. Auch beim Fußball verfolgte er beharrlich sein Ziel. Erst sträubte ich mich, weil ich den Etablierten nicht in die Quere kommen wollte und ehrlich gesagt auch keine große Lust dazu hatte. Mir gefiel es, in Ruhe meine Filme zu machen, aber Kürten blieb hartnäckig. »Können wir das Wunschkonzert nicht mal andersrum haben?«, fragte er. Dem konnte ich mich nicht verschließen, das war ich ihm schuldig.

Der erste Test fand im März 1985 beim WM-Qualifikationsspiel zwischen Deutschland und Malta in Saarbrücken statt. Ich saß auf der Tribüne ein paar Meter neben dem Kommentator, der zu den Fernsehzuschauern sprach. Meine Reportage wurde für Kürten aufgezeichnet. Drei Wochen nach der Partie in Saarbrücken saß ich abends zu Hause und schaute mir ein Europapokalspiel im Fernsehen an, als Kürten anrief.

»Guckst du das Spiel?«, fragte ich ihn.

»Ja«, sagte er, »und parallel schau ich mir deine Probekassette von Deutschland gegen Malta an. Mir gefällt das richtig gut. Wir machen das.«

Bei der Kommentierung von Live-Spielen gab es Mitte der achtziger Jahre eine deutliche Hierarchie, und Rolf Kramer war beim ZDF die Nummer eins. Weil er mich mochte, obwohl ihm meine Schnöseligkeit eher suspekt war, fragte er mich 1985, ob ich nicht sein Assistent werden wollte. Das war eine schöne Zeit und eine gute Vorbereitung auf spätere Aufgaben. Kramer musste kommentieren, und ich saß neben ihm, schaute mir in Ruhe die Spiele an, machte Notizen und gab Hinweise.

Im Frühjahr 1986 durfte ich dann erstmals selbst ans Mikrophon, beim Finale im Europapokal der Pokalsieger zwischen Dynamo Kiew und Atletico Madrid. Einige Wochen später gab es ein Länderspiel zwischen Deutschland und Jugoslawien im Bochumer Ruhrstadion, für mich die Premiere mit der deutschen Mannschaft und erst mein zweites Live-Spiel überhaupt. Ich war mir der Bedeutung durchaus bewusst, denn bis heute hat sich nichts daran geändert, dass Partien der deutschen Mannschaft etwas Besonderes sind. Es sind nicht nur Fußballspiele, sondern nationale Angelegenheiten. Wenn die deutsche Hymne gespielt wird, weißt du: Ich bin jetzt deutscher Reporter eines deutschen Länderspiels, und der Mantel der Geschichte streift mich. Die Zuschauer hören mit anderen Ohren zu und sind wesentlich hellhöriger. Deshalb darf der Kommentar nicht zu flapsig sein und auf keinen Fall ungenau. Das macht nicht immer Spaß, weil es die Spontaneität bremst. Man ist konsenspflichtiger als bei England gegen Dänemark, doch bei einem Reporter wird England gegen Dänemark nicht fürs Examen benotet. Die

Prüfungsnote wird ermittelt, wenn Deutschland spielt. Und Franz Beckenbauer erteilte mir ein Ungenügend.

Zu der Zeit galt, dass Fußball im Fernsehen nur Fußball war und nicht mehr. Man durfte zwar sagen, dass ein Spiel schlecht war, nur musste es im Kammerton passieren. Kritisieren durften außerdem nur jene, die dazugehörten. Also nicht einer von der Politik, der wahrscheinlich noch nicht mal wusste, dass kein Frosch im Ball ist. Beckenbauer war damals nicht klar, dass ich eine ordentliche Fußballsozialisation hatte, ihm stieß der etwas andere Ton auf.

Ich habe sicher versucht, meine Kritik etwas ironischer vorzutragen, und wollte nicht den Säbel rausholen, wenn es auch das Florett tat. Außerdem war ich auf der Suche nach einer eigenen Form. Als Quereinsteiger musste ich mich schließlich erst mal gegen die alteingesessenen Kollegen behaupten. Daher hatte ich schon bald begonnen, die Beiträge anders zu schneiden, mitunter die Chronologie aufgebrochen und etwa mit der Minute eines Fußballspiels angefangen, wenn mit einem Foul, dem Platzverweis und der anschließenden Unterzahl die Partie kippte.

Ähnlich ging ich bei Live-Spielen vor, und Beckenbauer mag einen Verstoß gegen die Konventionen gespürt haben. Vor allem der sprachlichen. Man darf nicht vergessen, dass damals noch Formulierungen üblich waren, in denen Stürmer während eines Fußballspiels auf der rechten Seite »durchbrachen«. Der Sprachmüll war aus der Sportberichterstattung noch nicht beseitigt worden, es gab kaum ein Bewusstsein dafür, wie sehr er stank.

»Lag es daran, dass das Mittelfeld nicht schnell genug überbrückt wurde?« galt als ernsthafte Frage, und man hätte dazu gern »brück, brück, brück« gerufen. »Die Mannschaft antwortet mit wütenden Gegenangriffen«

war noch nicht aus den Hirnen gestrichen, und daher passierten Dinge auf dem Platz noch »kurz vor dem Pausentee«. Einen Abrüstungsbeschluss hatte es ebenfalls noch nicht gegeben – es hagelte »Bomben« und »Granaten« auf die Tore. Die Sprache der Fußballberichte war gestanzt und durchsetzt mit Phrasen, sodass es »im Strafraum lichterloh gebrannt« hat, weil dort »wieselflinke Stürmer« wahrscheinlich »nichts anbrennen« ließen. Wenn man dabei zuhörte, musste man den Eindruck gewinnen, Fernsehzuschauer wären keine Menschen, mit denen man so reden könnte, wie es sonst üblich ist. Niemand würde so über ein Spiel erzählen: »Du, der wieselflinke Stürmer hat einmal mehr vorm Tor versagt. Dabei hat es im Strafraum lichterloh gebrannt, obwohl die Deckung kompakt stand.« Niemand mit halbwegs klarem Kopf redet so, im Fernsehen aber war es eine Selbstverständlichkeit. Ich will nicht sagen, dass derlei Unfug heute ganz verschwunden ist, doch gibt es im Sportjournalismus insgesamt ein wesentlich größeres Bedürfnis nach sprachlicher und geistiger Klarheit. Denn hinter diesen Phrasen steht ein Wahrnehmen und Denken, das aus Schablonen besteht.

Jahre später hat Beckenbauer zu mir gesagt, ich hätte doch froh sein sollen, dass er überhaupt was gesagt habe: »Wenn ich einen nicht mag, sage ich gar nichts.« Ich habe seine Kritik aber nicht als Ritterschlag gesehen oder sie unter dem Motto verbucht: Hauptsache, der Name ist richtig ausgesprochen. Für mich war das ein Schock; allerdings hat Beckenbauers Ausbruch mir innerhalb der Redaktion geholfen. Wir waren dünkelhafter als die Kollegen der ARD-»Sportschau«, denn die Großen der Welt kamen ins »Aktuelle Sportstudio«: Pelé, Prinz von Homburg, Johnny Weismüller oder Muhamad Ali. Ich mochte zwar das Kuckucksei sein, nach dieser Attacke aber hatte man beschlossen, es auszubrüten.

Das war einer der Gründe, warum ich mich nach weiteren Angriffen in den kommenden beiden Jahren von der Redaktion gut geschützt fühlte. Denn immer wieder gab es Zuschauerpost, in der es hieß, ich würde den Fußball allgemein oder die deutsche Mannschaft schlecht machen. Mal fand *Bild* mit allem Sprachwitz: »MARCEL ist nicht länderspiel-REIF«, dann maulte der damalige Trainer des Karlsruher SC, Winfried Schäfer, ich sei »zu negativ« eingestellt. Zwischendurch wünschten sich die Spieler des FC Bayern meinen Kollegen Rolf Töpperwien als Berichterstatter und nicht mich. Allerdings ging es weniger um die Qualitäten als Reporter: Töpperwien hatte sich bei zwei Spielen als Glücksbringer bewährt.

Ich frage mich in der Rückschau, ob ich eine Profilneurose hatte und überzog, um meine eigene Marke abzuliefern, und behaupte, dass es nicht so war. Dazu hatte ich zu viel Respekt vor dem Fußball und vor den Spielern. Hin und wieder mag es bei einer Formulierung mit mir durchgegangen sein, aber das passierte ohne Vorsatz. Oder wollte ich die Tragödie meiner väterlichen Familie im Dritten Reich aufarbeiten und deshalb die Deutsche Nationalmannschaft fertig machen? Nein, ich wollte gar nichts. Nur sagen: Wenn es gut ist, ist es gut. Und wenn nicht, dann nicht.

Trotzdem gefiel die ganze Art vielen nicht, und irgendwann bin ich zu Kürten gegangen und habe gesagt: »Du merkst doch, dass es sinnlos ist.« Mich hatte das nicht schrecklich erschüttert, denn ich hatte ja eine Menge Spaßoptionen, hübsche Filme zu machen. Mit mir am Kommentatorenplatz war es hingegen, als würde ein Waschmittel auf den Markt gebracht, das die Leute partout nicht kaufen wollten. Jede Firma würde dann die Produktion einstellen, Kürten hingegen sagte: »Wir machen das so lange, wie es mir gefällt, und mir gefällt es sehr gut.«

13 Ein Wellensittich namens Berti

So gehörte ich 1986 zum Reporter-Team für die Fußball-Weltmeisterschaft in Mexiko. Als Novize wurde mir die Vorrundengruppe mit Frankreich, Kanada, Ungarn und der UdSSR zugeteilt, die in León spielte, gut 400 Kilometer nördlich von Mexiko-City. Mein WM-Debüt hieß Frankreich gegen Kanada und wurde nachmittags um vier Uhr angepfiffen. Es war Sommer in Mexiko, der Spielort León war weit weg vom Meer und besonders heiß. Weil es dort nicht viel regnet, braucht man kein Tribünendach, oder jedenfalls gab es keines über den Reporterplätzen. Als ob das noch nicht reichte, landete der ZDF-Ton beim französischen Fernsehen in Paris, und der französische Kommentar landete beim ZDF. Also bekam ich von der Regie die Ansage, ich müsste über Telefon kommentieren. Das bedeutete, dass ich bei 40 Grad Hitze einen Telefonhörer an mein Ohr presste und nach 90 Minuten und einem 1:0-Sieg der Franzosen nicht mehr wusste, was Arm und was Telefon war, alles hatte sich zu einer Schweißmasse vermengt.

Es war wohl ein guter Einstieg, lief auch ordentlich weiter, und angeblich wurde darüber gemunkelt, ich sei gleich bei meiner ersten WM ein heißer Kandidat für die Übertragung des Finales. Aber dann gab es die Partie Ungarn gegen Kanada, und die Sache erledigte sich blitzschnell. Ich musste das Spiel auf Schnitt sprechen, also immer wieder neu ansetzen und bei der Kommentierung zusammenfassen, weil sie von der Partie nur 20 Minuten zeigen wollten. Nur, ich unterschlug dabei eine rote Karte. Der Kanadier Sweeny war fünf Minuten vor Schluss vom Platz gestellt worden, und ich war zu dem Zeitpunkt wohl schon müde, die Partie entschieden, und ich ging nicht mehr darauf ein. Das war ein grober handwerklicher Fehler, der meinen kleinen Höhenflug abrupt beendete.

Bei der Europameisterschaft zwei Jahre später in Deutschland war ich bereits als Reporter etabliert. Ich wurde nicht mehr nur in lauschigen Partien von Außenseitern versteckt, sondern durfte einige Spiele der deutschen Mannschaft kommentieren. Zwischendurch sorgte ich für einen Eklat, und das gerade im sowieso schwierigen Verhältnis zum Nachbarn aus den Niederlanden. Der holländische Nationaltrainer Rinus Michels hatte mich bei einer Pressekonferenz auf eine Art abgekanzelt, die ich ungehörig fand. Sinngemäß hatte er gesagt: »Was wollen Sie denn, ich habe keine Lust, mit Ihnen zu reden.« Darauf habe ich bei der Kommentierung des nächsten Holland-Spiels gesagt, als Michels im Bild war: »Der holländische Trainer, der Journalisten gegenüber schon recht stinkstiebelig sein kann.« Stinkstiebelig stammt aus dem Mittelhochdeutschen und ist, wie ich heute noch finde, keine wirklich schwere Beleidigung. Nur teilte man mir bald mit, es gebe schwere diplomatische Verwicklungen. Die Holländer seien empört, dass ich Michels als Stinkstiefel bezeichnet hätte, und hatten unserem Reporter Jochen Bouhs daraufhin quasi Drehverbot erteilt.

Nach dem Finale, das die Holländer in München auch durch ein Traumtor von Marco van Basten mit 2:0 gegen die Sowjetunion gewannen, wollte Dieter Kürten Michels in unser Studio holen und hat mich mitgenommen.

Michels nahm in Siegerlaune meine Entschuldigung an, meine Äußerung sei nicht so negativ gemeint gewesen. Trotzdem habe ich mir geschworen, dass es mir so schnell nicht wieder passiert, irgendwo »Entschuldigung« sagen zu müssen.

In diesen Jahren war ich einfach hitzköpfiger als heute, und vor der Europameisterschaft 1992 geriet ich mit Berti Vogts aneinander, damals noch Bundestrainer. In Bremen gab es ein Vorbereitungsspiel gegen Nordirland, bei dem die deutsche Mannschaft durch ein Glückstor von Binz ein 1:1-Unentschieden rettete. Kürten hatte die Partie kommentiert, und ich führte nach dem Spiel das Interview mit Vogts. Ich fragte ihn, ob man sich angesichts der Leistung zwei Wochen vor der EM sorgen müsse oder ob es halt nur ein Testspiel gewesen sei. Mit der Antwort erwischte Berti Vogts mich voll: »Da müssen Sie ein anderes Spiel gesehen haben.« Heute würde ich sagen: »Deswegen ist es ja gut, dass wir Sie hier haben und Sie uns jetzt sicher alles genau erklären können.« Damals aber bin ich zur Salzsäule erstarrt, mit schwerer Rötung der Backen und einem Anschwellen des Halses bis auf Schulterbreite. Ich war außer mir, weil das gegen meine Berufsehre ging, und beschloss: So, mein Freund, jetzt ist Schluss!

Inzwischen würde ich mich nicht mehr provozieren lassen. Die Zuschauer sind in solchen Momenten sowieso auf unserer Seite, weil sie mit uns gemeinsam das Spiel geguckt haben. Wir haben ihnen erzählt, wie es einzuschätzen ist, und wenn es nicht völlig abstrus rüberkommt, werden die meisten folgen. Deswegen rate ich den jungen Kollegen, nicht dagegenzuhalten, zu geifern und zu kläffen. Lasst den Mann, er läuft von allein gegen die Wand.

Aber ich wollte damals durch die Wand. Und weil man solche Kriege nur wie ein kleiner Junge führen kann, habe ich Berti Vogts eineinhalb Jahre lang Hans-Hubert Vogts genannt. Hans-Hubert, jedes Mal, wenn er im Bild war, und ich habe damals beim ZDF viele Länderspiele kommentiert. Irgendwann rief Oskar Beck von der *Stuttgarter Zeitung* an und fragte: »Warum nennen Sie den Bundestrainer eigentlich Hans-Hubert?« Ich war begeistert, dass es endlich jemand bemerkt hatte, und sagte: »Weil ich finde, dass Berti zu sehr nach Wellensittich klingt.« Er schrieb das feixend in die Zeitung, und einen Tag später rief Wolfgang Niersbach an, der damalige Pressesprecher des Deutschen Fußball-Bundes. Wir hatten ein ganz gutes Verhältnis, und er fragte: »Bist du noch ganz bei Trost, warum nennst du Berti einen Wellensittich?« – »Wolfgang, schön genau zitieren: Berti klingt mir zu sehr nach Wellensittich. Weil ich ein erwachsener Mensch bin, muss ich ihn Hans-Hubert nennen.«

Nach diesen Albereien lud der DFB zum Friedensgipfel ins Steigenberger Hotel am Frankfurter Flughafen ein. Dort trafen aufeinander: in der blauen Ecke Wolfgang Niersbach und Berti Vogts, in der roten Ecke der Herausforderer Marcel Reif, sekundiert von Dieter Kürten. Wir haben uns erst beschnuppert, dann einen Haufen Wahrheiten an den Kopf geschleudert, und daraus entwickelte sich schließlich ein fast freundschaftliches Verhältnis. Heute sagt Berti über mich, dass ich den Fußball liebe, und das freut mich.

Diese Ansicht hatten sich in der Zwischenzeit offensichtlich auch Publikum und Kritik weitgehend zu Eigen gemacht. Sie begannen mir abzukaufen, dass ich an gutem Fußball Spaß habe und niemandem etwas kaputtreden will. Ich glaube allerdings, dass ich zunächst eine andere Klientel bedient habe. Ich war nicht losgezogen, um die Fankurve zu erobern. Es gab einen Kollegen, der es beim

Wechsel vom ZDF zu SAT. 1 so gesagt hat: »Du hast deine *Süddeutsche Zeitung*, ich habe meine *Bild*.« Daran hat sich bis heute nichts geändert. Nur hat sich im Laufe der Jahre das Fußballpublikum gewandelt. Es gibt mehr Zuschauer, die von ihren Reportern erwarten, dass sie sorgfältig mit Sprache umgehen, die eine fachlich präzise Einschätzung und keine abgestandenen Witzchen wollen. Ich glaube, dass viele vor dem Fernseher anspruchsvoller geworden sind. Der Standard der Informiertheit ist ebenfalls gestiegen, weil auch in den Zeitungen umfänglicher und komplexer berichtet wird.

Um die Europameisterschaft 1988 in Deutschland herum war die Übermacht der negativen Reaktionen jedenfalls gebrochen. Der *Kicker* beschloss: »In Sachen Sachlichkeit ist Reif unschlagbar«, und in *Bild* hieß es: »ZDF im Glück: Reif ist reif«. Ich habe keine ganz schlüssige Erklärung dafür, warum sich die Stimmung änderte. Ein Grund war sicher das Überangebot an Live-Fußball im Fernsehen. Die Zuschauer lernten zu gucken und registrierten, wer ihnen ein Spiel angemessen präsentierte und wer nicht. Kürtens Maxime galt nicht mehr, dass die Zuschauer zu sehen bekommen, was die Sender für richtig halten. Es gab so viele Spiele im Fernsehen, dass die Zuschauer sich nicht mehr Quark als Gold verkaufen ließen. Sie wollten die Wahrheit, wenn auch nett verpackt: »Ich glaube, im Moment ist es gerade ganz schlecht.« Ich bin ja nicht genötigt zu verkünden: »Meine Damen und Herren, haben Sie nichts Besseres zu tun? Sie wollten doch noch was wegbügeln und endlich mal mit den Kindern spielen?«

Der endgültige Durchbruch kam mit der Weltmeisterschaft 1990 in Italien. Für mich war die WM ein Gesamtkunstwerk aus Fußball und Musik, Land und Leuten, Essen und Trinken, wie es das so schnell nicht wieder geben wird. Ich reiste mit meinem Assistenten Béla Réthy durch wunderschöne Landschaften, wir speisten großartig. Wir gingen auch ins Stadion, wenn wir nicht arbeiten mussten, und waren wie kleine Jungs, die für vier Wochen ohne Unterbrechung mit ihrem Lieblingsspielzeug spielen dürfen.

In Turin trafen wir Rudi Michel, den großen alten Sportreporter und mir in vielem ein Vorbild. Er kam auf mich zu, klopfte mir auf die Schulter und sagte väterlich: »Ich hör Ihnen sehr gern zu, junger Mann.« Ich schaute Béla mit einem Blick an, der sagen sollte: Nimm dies, junger Freund. Dann gingen wir weiter zum Fahrstuhl, die Tür ging auf, Pelé kam heraus und sagte: »Oh, my friend Béla.« Réthy hatte ihn mal interviewt – Nimm dies, alter Freund.

Die ganze Weltmeisterschaft war ein großes Fest. Die deutsche Mannschaft lieferte auf dem Weg zum Titel einige großartige Spiele, und Kamerun sorgte gleich zu Beginn für eine Sensation, als sie im Eröffnungsspiel den Titelverteidiger Argentinien mit 1:0 besiegten. Bei diesem Spiel schlug ich mich, wie wohl die meisten Zuschauer, auf die Seite des Außenseiters. »Ich darf als Reporter ja nicht parteiisch sein, aber lauft, meine kleinen schwarzen Freunde, lauft«, hatte ich gerufen, und niemand nahm es mir übel. Ich führte sogar die Top Ten der Reporter an, die *Bild* aufstellte. Max Merkel schrieb dazu: »Marcel Reif – Fußball-Professor – weiß alles, sieht alles.« Ich fühlte mich geschmeichelt, nur interessierte sich niemand für dieses Lob. Alle lachten nämlich, weil mein ZDF-Kollege Eberhard Figgemeier nur auf dem achten Platz gelandet war und wegen seiner Berichterstattung ordentlich abgewatscht wurde. »Verwechselt gnadenlos Äpfel mit Birnen«, schimpfte Merkel. Nur tat Figgemeier es nicht in

Italien am Mikrophon, sondern an seinem Bett in einem deutschen Krankenhaus, wo er mit operiertem Bein darniederlag.

14 Familienfußball

Kurz nach der Weltmeisterschaft in Italien, mein Sohn Jan war damals 13 Jahre alt und spielte in der C-Jugend des kleinen Fußballklubs in unserem Wohnort Klein-Winternheim, kam er zu mir und fragte: »Papa, der Trainer ist krank, kannst du diese Woche nicht mal kommen?« Ich sprang gern ein, hatte ich nicht gerade viele große Trainer bei der Arbeit beobachtet? Irgendwie sah es aus wie Training, was wir veranstalteten, und Spaß hatten die Jungs ebenfalls. Obwohl mir schon damals Zweifel am deutschen Fußballnachwuchs kamen. Nachdem ich die Bälle auf den Platz gelegt hatte, ging keiner von ihnen hin und schnappte sich einen. Sie waren darauf dressiert, erst einmal nur zu laufen.

Nun trainierte ich nicht nur mit ihnen, sondern stand, weil ihr Coach noch nicht wieder auf den Beinen war, auch am Wochenende als Verantwortlicher draußen an der Seitenlinie. Es war das Spitzenspiel, es ging um die Tabellenführung. Nur war die Partie für mich bereits nach zehn Minuten vorbei, denn ich wurde vom Schiedsrichter des Platzes verwiesen. Ich musste ums ganze Spielfeld herumgehen und blieb zwischendurch stehen. Er ließ so lange nicht weiterspielen, bis ich im Klubheim verschwunden war. Jan wäre am liebsten im Boden versunken. Es war der absolute Tiefpunkt, obwohl ich schon bei früheren Spielen, nur als Zuschauer, Bilder menschlicher Leidenschaft abgegeben haben muss. Nach meinem Platzverweis hat Jan mir abends ganz ernst gesagt: »Papa, tu mir einen Gefallen, komm nicht mehr.«

Ich war kein Fußball-Vater in dem Sinne, wie man von Tennis-Eltern spricht, die ihre Kinder zu einer großen Karriere voranpeitschen. Mir war früh klar, dass Jan zwar einigermaßen Talent hatte, aber keine große Karriere auf dem Fußballplatz machen würde. Es war mir egal, und trotzdem litt ich fürchterlich. Nach dem Spiel mit meinem Platzverweis war ich physisch und psychisch total erschöpft.

Ich muss meinen Sohn mit Fußball so infiziert haben, wie mein Vater mich infiziert hat. Jan hat schon geheult, wenn Kaiserslautern verlor, bevor er jemals dort ein Spiel gesehen hatte. Offensichtlich eine Folge meiner Gehirnwäsche, und daran hat sich bis heute nichts geändert. Vor ein paar Jahren bekam ich auf dem Rückweg von einem Trainergespräch eine SMS von Jan: »1:0, Basler, unten links.« Ich rief ihn an: »Jan, was ist?« Es war nicht mehr, als dass der 1. FC Kaiserslautern ein Freitagsspiel gewonnen und er das Gefühl hatte, mir den Endstand mitteilen zu müssen. Und dass der Siegtreffer nicht rechts oben, sondern unten links gefallen war.

In der Verbindung zwischen Jan und mir spielte Fußball von Beginn an eine wichtige Rolle. Doch in meiner Beziehung zu meinem Vater war sie das zentrale Moment. Mein Vater hat oft bei den Spielen zugesehen, und es war mir wichtig. Wir fuhren nicht nur gemeinsam zum Betzenberg, wenn der FCK spielte, sondern auch zu Auswärtsspielen nach Neunkirchen oder Saarbrücken und nahmen Freunde von mir mit. Und nachdem wir später nach Heidelberg gezogen waren, bin ich öfter mit ihm zum Karlsruher SC gegangen.

Erst später hatte Papa keine Zeit mehr. Sommer in Schlesien 1953

Mein Vater hatte immer wenig Zeit, ich hatte den Eindruck, er arbeitete rund um die Uhr. Und dann war da noch meine kleine Schwester Eva, die sich von Anfang an ziemlich breit gemacht hat. Zumindest kam es mir so vor. Das ging erst über positive Reize, mit denen das blond gelockte, schwierige Prinzesschen für meinen Geschmack viel zu viel Aufmerksamkeit auf sich zog. Als das später nicht mehr so verfing, gebärdete sie sich als Problemkind und belegte auf diese Weise alle Kapazitäten. Ich hingegen war der, bei dem das Zimmer aufgeräumt war und der artig seine Schule absolviert hat, während Eva schon wieder erst um halb elf nach Hause kam. So in etwa war die Rollenverteilung, die uns wahrscheinlich beide nicht froh gemacht hat. Denn vielleicht hat sie darunter gelitten, dass mir viele Dinge leicht fielen und ihr Bruder ein Mustersohn war.

Das Gefühl eines Defizits an gemeinsamer Zeit und Interesse, das ich bei meinem Vater hatte, wollte ich bei Jan offensichtlich ausgleichen und habe mich auf dem Fußballplatz deshalb so engagiert, wie es ihm nicht gefallen konnte. Inzwischen hat sich meine Beteiligung an seinem Leben auf ein gesundes Maß eingependelt – auch Fußball ist das, was es sein sollte. 2003 begleitete mich Jan zu einem Spiel der Champions League nach Madrid. Dabei war auch ein Redakteur der *Zeit*, der ein Portrait über mich schreiben wollte. Gepflegt gingen wir durch die Gemäldesammlung Thyssen-Bornemisza, und der Journalist der honorigen Wochenzeitung fragte Jan: »Was gab's denn sonst in der Familie Reif für Interessen?« – »Papa, bei uns gab's doch nur Fußball, oder?«

15 Der Pfau ruht aus

Mir wird immer wieder vorgehalten, mal direkt und mal freundlich verbrämt, dass ich eitel sei. Ich kann das nicht abstreiten, obwohl Eitelkeit kaum zu den Tugenden gehört, die wir unsere Kinder lehren sollten. Allerdings befinde ich mich in bester Gesellschaft, denn Journalismus hat fast immer mit Eitelkeit zu tun, und im Fernsehen gilt das in Potenz. Wer diesen Umstand negiert, macht sich etwas vor. Er gilt übrigens nicht nur für jene, deren Gesicht auf dem Bildschirm zu sehen ist. Kameraleute oder Cutter sind zumeist ebenfalls vom Virus Eitelkeit infiziert, denn Fernsehen hat auf allen Ebenen etwas von einer Künstlerkolonie. Kaum einer wird sich von den damit verbundenen Neurosen ganz frei machen können. Fußball live im Fernsehen zu reportieren allerdings ist ein besonderer Egotrip. Wer am Mikrophon sitzt, hat die volle

Aufmerksamkeit des Publikums und lenkt die Zuschauer daheim vor dem Fernseher. Er macht ihre Stimmung mit, lässt sie mitleiden, jubeln oder knurrig über schlechte Spiele sein. Der Reporter verkauft die Leistung all jener, die an einer Übertragung mitarbeiten. Selbst Fernsehkritiker wissen oft nicht die Leistung der Regie richtig zu bewerten, geschweige denn die von Kameraleuten, Technikern oder Sendeleitung. Für den Umgang mit Eitelkeit, Egozentrik und dem Willen zu künstlerischem Ausdruck gibt es im Fernsehen allerdings eine Grenze. All das darf nicht dem schaden, was die Zuschauer auf dem Bildschirm zu sehen bekommen. Wer sich zu sehr an sich selbst berauscht, wird den Unmut des Publikums zu spüren bekommen.

Bei den Olympischen Spielen 1992 in Barcelona unterbrach ich den Egotrip des Kommentierens für einige Wochen. Ich wollte mir auf geradezu kindische Art beweisen, es auch anders zu können, und baute mir eine neue Bühne. Zusammen mit dem ebenfalls künstlerisch angehauchten Kollegen Jochen Bouhs hatte ich mir vorgenommen, den Olympischen Spielen ein geschlossenes Konzept zu geben. Dazu gehörten Rubriken wie die fortlaufende Vorstellung der Stadt Barcelona durch den leider schon verstorbenen katalanischen Schriftsteller Vasquez Montalban. Außerdem war ich auf die Gypsy Kings gestoßen, die damals mit ihrer Musik sehr erfolgreich waren. Sie lieferten uns den Soundtrack zu den Spielen, obwohl sie französische Zigeuner waren und mit Spanien nur sehr indirekt zu tun hatten. Wir bedienten uns ihrer für die Erkennungsmelodie und für alle Jingles, und für unsere Auftaktsendung zeichneten wir ein Konzert in Sevilla auf.

Günther Jauch war dorthin als Moderator mitgereist und erlebte, wie die Gypsy Kings mit weichen Knien und zitternden Händen auf die Bühne gingen. Sie hatten panische Angst, vom Publikum in Andalusien, woher ihre Musik alle Anleihen genommen hatte, als Scharlatane enttarnt zu werden. Nach dem zweiten Stück badeten sie allerdings bereits im Jubel. Eine hübsche Sendung kam so zusammen, mit vielen netten Spielereien. Als wir etwa Dieter Kürten über die Ramblas von Barcelona gehen ließen, huschte hinter ihm Werner Schneyder durchs Bild, der ebenfalls zu unseren Reportern gehörte. Ein kleiner Spaß. Hitchcock II. hatte es doch noch geschafft.

Mit Werner Schneyder sollte ich die Eröffnungsfeier kommentieren, so war es vor den Olympischen Sommerspielen in der Sportredaktion des ZDF beschlossen worden. Eröffnungs- und Schlussfeiern bei Olympischen Spielen sind besonders ehrenvolle Aufgaben, weil sie sich beim Publikum besonderer Beliebtheit erfreuen, trotzdem drückte ich mich. Schneyder ist ein Freund und hat es mir bis heute nicht verziehen. Ich hatte allerdings schon damals zu viel Respekt, wohl auch Bammel vor der Wortgewalt des gelernten Kabarettisten, er war für mich schon lange einer der größten Reporter deutscher Sprache.

Weil ich an dieser Stelle kniff, es kein Fußballturnier von Belang gab und ich andere Sportarten nicht live kommentieren mochte, war in meinem Kopf die Idee entstanden, konsequent hinter den Kulissen zu bleiben. Daran hielt ich mich fortan mit äußerster Konsequenz: keine Filmbeiträge, wie bei früheren Olympischen Spielen, selbst bei Anfragen für kleine Kommentare in 3sat schüttelte ich bedeutend den Kopf. Der Pfau ruhte – und schlug selbst dabei sein Rad.

Mit dem Aufbau der Struktur und dem Ablauf von Sendungen war ich vertraut, weil ich zum Team derer gehörte, die turnusmäßig das »Aktuelle Sportstudio« leiteten.

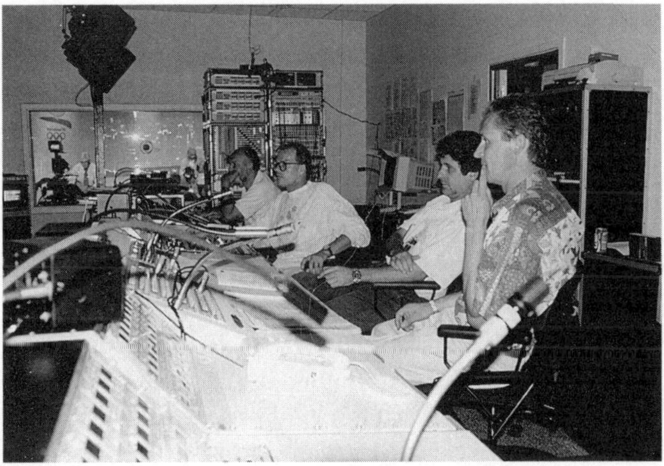

Pfauenrad hinterm Mischpult, Olympische Spiele 1992 in Barcelona

Dort war ich alle drei Wochen oder einmal im Monat für eine Sendung verantwortlich. In Barcelona sollte ich nun die täglichen Übertragungen koordinieren. Wenn Olympische Sommerspiele in vollem Gange sind, finden am Abend sieben oder acht Sportarten parallel statt, zumeist mit deutscher Beteiligung. Wir reden von Ringen, Fechten und Feldhockey, von Schwimmen, Bahnradfahren und diversen Disziplinen der Leichtathletik. Heute gibt es die Möglichkeit, dieses Angebot über diverse Programme zu streuen, vom ZDF über 3sat bis zu Arte oder gar auf digitalen Spezialkanälen. Damals hingegen gab es im Wesentlichen nur ein Programm und nur einen Bildschirm, auf den man das Angebot zaubern musste. Am besten in dem Moment live, wenn die Entscheidungen fielen. Also musste ich als Leiter der Sendung entscheiden: Wir nehmen diesen Ringkampf mit, und sofort nach dessen Schluss gehen wir zum Hockey. Dazu musste man die Reporter auf ihre Einsätze vorbereiten und ihnen sagen, wann und wie lange wir bei ihnen sein würden. Danach wollten wir zum Schwimmen umschalten, denn nach dem Zeitplan, der hoffentlich eingehalten würde, waren die 200 Meter Freistil dran, womit wir bei Franziska von Almsick wären. Wenn sie gesiegt hat und bejubelt worden ist, gehen wir zum Bahnrad.

Das klingt spannend und wurde sogar noch viel aufregender, weil die Zeitpläne selbstverständlich nicht immer eingehalten wurden. Oder beim Hockeyspiel spitzte es sich unerwartet zu, während bei der Leichtathletik gerade Leerlauf war. Das zu koordinieren, alle Bälle gleichzeitig in der Luft zu halten, hat mir euphorische Momente ganz eigener Art verschafft. Es war eine Mischung aus Planung, schlichter Zockerei und dem Wirken der Mächte des Schicksals. Denn plötzlich hatte der Ringer vor der Zeit einen Schultersieg gelandet, weshalb wir früher ins Hockeystadion schalten konnten und den Angriff mit dem entscheidenden Tor für die deutsche Mannschaft eben nicht verpassten. An solchen Abenden saß ich im Sendezentrum, war nach Ende der Übertragungen erschöpft und dachte, dass es so viel professionelles Glück nicht mehr geben würde. Aber irgendwie fügte es sich dann doch wieder zusammen, wenn wir vom ZDF am übernächsten Tag wieder an der Reihe waren.

Viel Spaß machte es auch, die Kollegen zu lenken. Der eine wurde nervös und musste beruhigt werden, einem anderen mussten wir über die Zeit helfen, weil er plötzlich länger als vorgesehen zu reportieren hatte. Dann bekam er von uns Hinweise, was vielleicht noch zu thematisieren wäre, oder Informationen auf den Kopfhörer gesprochen. Als der Schlussbericht gezeigt wurde, an dem ich mitgearbeitet hatte, tippte ich Thomas Wark und Béla Réthy so auf die Schulter wie dereinst bei den »heute«-Nachrichten.

Wir hatten den dreiviertelstündigen Film über Nacht zusammengeschustert, und er musste live gesprochen werde. Ich war völlig überdreht und trotzdem glücklich, denn ich fand meinen persönlichen Feldversuch gelungen. Allerdings sollte er mich einige Jahre später zu einem weiteren verführen, der dann weit weniger erfolgreich ausging.

16 Die Aura atmen

Drei Tage hatte es gedauert, bis wir endlich mit ihm sprechen konnten. Wir hatten zwar einen Termin beim SSC Neapel ausgemacht, einfach war es trotzdem nicht, den besten Fußballspieler der Welt vor die Kamera zu bekommen. Nach dem Training ging das Tor am Trainingsgelände des Klubs auf, und er fuhr nach Hause. Es sah aus, als sei der amerikanische Präsident zu Besuch. Die große Limousine bekam eine Polizeieskorte, die den König der Stadt auf dem Heimweg begleitete. Wir sprachen mit einem seiner Freunde, der uns für den nächsten Tag einlud: »Niemand weiß, dass er morgen auf mein Boot kommt. Dann fahren wir einfach zusammen raus.« Am kommenden Nachmittag standen ungefähr 500 Leute an der Bootsmole, womit der Bootsausflug erledigt war. Wohin sollte Maradona gehen? Ins Kino? Aber nur, wenn man einen Belagerungszustand haben wollte. In ein Restaurant? Aber nur, wenn man es demoliert haben wollte. Maradona wurde 1987 von Neapel geliebt, doch diese Liebe war erdrückend. Er hatte Napoli zum Meister gemacht und die marode Stadt auf eine Weise aufgewertet, dass er dort wohl noch lange unvergessen bleiben wird.

Am dritten Tag durften wir endlich aufs Trainingsgelände und warteten, bis die Übungszeit vorbei war. Die anderen Spieler waren schon weg, mein Kamerateam noch nicht auf dem Platz, als ein kleines Mädchen auf den Mittelkreis zulief. Das hätten wir nicht besser bestellen können, denn Maradona nahm seine Tochter auf den Arm, sie spielte an unserem Mikrophon herum und aus einem ernsthaften Interview wurde ein leichtes, freundliches Gespräch mit einem verspielten, glücklichen Vater. So mochte ich Maradona gern erleben, den ich 1986 bei der WM erstmals gesehen und bewundert hatte.

Es ist vielleicht bezeichnend, dass ich mich nicht mehr daran erinnere, was Maradona mir damals erzählte. Denn bis heute ist es so, dass ich die Nähe großer Spieler oder Trainer nur auf die Weise suche wie damals, als ich Edward Szymkowiak zum ersten Mal sah oder Co Prins in Hohenecken neben mir stand, als ich nicht mitspielen konnte. Ich möchte nicht viel mehr, als ihre Aura atmen.

Das gilt auch für Johan Cruyff, den ich bei der Weltmeisterschaft 1974 in Deutschland habe spielen sehen. Er trug damals die Krone des Fußballs, und für mich ist er immer noch der beste Spieler, den ich je erlebt habe. Während der Olympischen Spiele 1992 habe ich mir ein Training des FC Barcelona angeguckt. Da hat er, schwer herzkrank, beim Spiel fünf gegen zwei mitgespielt wie ein übermütiger Junge. Man konnte seine Lust am Fußball spüren, und das merkte man auch dem Spiel des FC Barcelona an, der damals auf dem Zenit seiner Kunst war. In dieser Ära spielten sie 1991 in Kaiserslautern, als Bakero sein Team in letzter Minute noch ins Viertelfinale des Europapokals der Landesmeister rettete, den Barcelona schließlich gewann. Nach dem Spiel in Kaiserslautern kam Cruyff zur Pressekonferenz. Er wirkte viel kleiner und schmaler, als man ihn sich vorstellte, und trug einen hellen, offensichtlich viel zu großen Trenchcoat. Das Meer schien sich zu teilen, als er hereinkam, und ich war hingerissen von seiner Ausstrahlung. Er schien auf dem Sockel seines eigenen Monuments zu laufen.

Aber möchte ich ihn interviewen? Möchte ich unbedingt einen Abend mit Johan Cruyff verbringen? Mit Arrigo Sacchi saß ich während der EM 1988 zwischen Köln und Hannover in einem Zugabteil und habe kein Wort gesagt. Wir fuhren gemeinsam zu einem Spiel, und ich hätte ihn problemlos ansprechen können, denn niemand sonst war dabei. Ich bewunderte Sacchi, denn er hatte beim AC Mailand mit seinen holländischen Stars den italienischen Fußball revolutioniert. Da saß er nun, las ein Buch. Warum hätte ich ihn stören sollen? Ich lese ständig über Fußball und weiß daher im Wesentlichen, wie Arrigo Sacchi oder Johan Cruyff Fußball denken. Es würde nicht anders dadurch werden, dass sie es mir noch einmal privat erklären. Hätte ich Sacchi zeigen sollen, wie sehr ich seine taktischen Überlegungen nachvollziehen konnte, die Organisation der Abwehr um Baresi und Costacurta, Maldini und Tassotti. Wie absolut perfekt sie auf Abseits spielten. Wie unschätzbar wichtig die Rolle von Frank Rijkard vor der Abwehr war, weil er von dieser Position das Spiel lenkte. Und Ancelotti, Donadoni, Gullit, Massaro und van Basten. Na und.

Ich möchte auch nicht mit Zidane ein Abendessen verbringen oder mit Figo und Raúl um die Häuser ziehen. Ich möchte sie spielen sehen, basta. Oder nein, manchmal würde ich ihnen doch gerne sagen wollen, wie toll ich sie finde. Möchte mich bedanken für große Momente und große Gefühle. Das tue ich dann auf meine Art, mit dem Mikrophon auf dem Reporterplatz.

Ich will nicht den schlichten Menschen hinter einer

großen Leistung sehen. Ich habe Freude an großen, an schönen Dingen, ob in der Musik, bei der Schauspielerei oder beim Sport. Ich will großartige Leistungen nicht entmystifizieren, mich interessiert nicht der Hervorbringer, sondern das Hervorgebrachte. Warum sind van Goghs Bilder wunderschön? Weil er verrückt war und sich ein Ohr abgeschnitten hat? Das mag wichtig sein, aber ändert nichts an seiner Kunst.

In seiner letzten Saison als Trainer bei Borussia Mönchengladbach habe ich Hans Meyer getroffen und mit ihm anderthalb Stunden zusammengesessen. Es war das Vorgespräch auf eine Partie seiner Mannschaft, die ich zu kommentieren hatte. Parallel dazu lief die Begegnung mit einem ungewöhnlichen Menschen, denn es gab eine Ebene jenseits der Informationsbeschaffung: wie er als Mensch ist, mit seinem Humor und seiner Sicht der Dinge. Es hat mir richtig Freude gemacht, weil Meyer intelligent, lustig und komisch war. Aber das war ein glücklicher Zufall. Etwas, das Meyer mir geschenkt hat und ich ihm nicht abverlangt habe.

Oft passiert genau das Gegenteil, schale Oberflächlichkeit, und es gibt nur wenige Ausnahmen. Mit Helmut Schümann vom *Tagesspiegel* habe ich im Winter 2002, nachdem Bayern so schmählich aus der Champions League ausgeschieden war, ein Interview mit Ottmar Hitzfeld geführt. Wir haben mit ihm darüber gesprochen, wie er in einer beruflich schwierigen Phase mit den Dingen umgeht, und er hat dabei überraschend viel von sich als Mensch preisgegeben – weil er es wollte. Man konnte ein Gefühl dafür bekommen, wie sehr er unter der sportlichen Krise litt und wie sehr sportliche Erfolge für ihn lediglich die Vermeidung dieses Leidens sind. Das mochte mehr über den Menschen Hitzfeld sagen als über den

Mit Rudi Völler, Rom 1987

Trainer, aber es war wohl nur dem Moment geschuldet. Ottmar Hitzfeld wurde für mich dadurch auch nicht entmystifiziert, und ich bin froh darüber. Denn meinen Traum von Fußball will ich nicht von zu viel Wirklichkeit kontaminieren lassen.

Die Gefahr besteht immer. Zwei gestandene Bundesligatrainer haben es abgelehnt, sich vor Spielen mit mir zu unterhalten. Bestürzung. Hatte ich etwas falsch gemacht? Wenn ja, was? Kann man nicht darüber reden? Wir sind doch erwachsene Menschen. »Nein, Herr Reif, wir haben uns jetzt schon ein paar Mal getroffen, und danach haben wir jedes Mal verloren.«

17 Im Club der toten Dichter

1993 übertrug mir Dieter Kürten die Leitung des »Sportspiegel«, und ich unternahm den Wiederbelebungsversuch einer schon in Verwesung übergegangenen Leiche. 1989 war die traditionsreiche Sendung aus dem Programm genommen worden, und mir war zunächst nicht klar, dass meine Kollegen und ich trotz all des Herzblutes und aller Kreativität auf verlorenem Posten kämpften. Längst war die Entwicklung übermächtig geworden, möglichst viel Sport live im Fernsehen zu zeigen. Dazu hatten wir mit dem Handicap zu kämpfen, dass es für den »Sportspiegel« und seine Filme, die eine halbe bis zu einer Dreiviertelstunde dauerten, keinen festen Sendeplatz gab. Wir wurden durchs Programm geschubst und konnten deshalb kein treues Publikum mehr aufbauen.

Nur habe ich mir durch die Kommentierung von Live-Fußball sozusagen selbst Konkurrenz gemacht. Wir ha-

Entschlossene Wiederbelebung des »Sportspiegels« durch Hennes Gally, Marcel Reif und Béla Réthy (v. l.)

ben damals ein UEFA-Cup-Spiel von Werder Bremen mittags um zwölf Uhr übertragen, weil es sonst keinen Sendeplatz mehr gab. Ganze Tage waren mit einer endlosen Aneinanderreihung von Spielen gefüllt. Das machte die Zuschauer so müde, dass sie keine Lust und keine Kraft mehr hatten, sich noch einen »Sportspiegel« anzugucken. Die Kapazität war schlicht weg. In diesen Jahren schien das Live-Erlebnis allen anderen der Sportberichterstattung überlegen.

Für mich, aus Sicht des Machers, gab es allerdings wenig, was ich beruflich als so befriedigend empfunden habe, wie ausgiebig an diesen Filmen zu arbeiten. Möglicherweise waren wir damals bei der Themenauswahl mitunter zu weit weg vom Publikumsinteresse und hatten den einen oder anderen Beitrag über Schlittenhunderennen in Alaska zu viel im Programm. Mit der Regel »Live schlägt alles« schien jedenfalls das letzte Wort gesprochen. Heute hingegen sehe ich, dass es für andere Formen auch im Sport eine Nische geben könnte, wenn man sich den großen Erfolg historischer Dokumentationen anschaut. Vielleicht ist die Zeit gekommen, dass ähnliche Formen beim Sport eine Renaissance erleben. Möglicherweise durch eine Verteilung nach amerikanischem Vorbild: Live-Events im Pay-TV, die großen Geschichten und Hintergründe im Free-TV. Aber dazu müssten diese Teppiche entflochten werden, die sich über die Woche legen: montags zweite Liga, dienstags und mittwochs Champions League, donnerstags UEFA-Cup, freitags zweite Liga, samstags und sonntags Bundesliga.

Unserem »Sportspiegel« über Sport in China schauten damals nur noch drei Prozent zu, dem über Streetball gar nur zwei Prozent, und damit ging es zu Ende. Das frustrierende Erlebnis, den »Sportspiegel« nicht wirklich wiederbelebt zu haben, war einer der Gründe, warum ich bereit war für die nächste einschneidende Veränderung in meinem Leben. 1994 verließ ich das ZDF und bekam zum Abschied von meinen Kollegen, die den »Sportspiegel« nur noch für eine esoterische Spinnerei hielten, ein Filmplakat: »Der Club der toten Dichter«. So sahen es damals selbst im ZDF jene, die nicht nur aufs Aktuelle schauten.

18 Ein Brief an die Geschichte

Im Jahr 1994, das eines der großen Wende werden sollte, starb mein Vater. Im Mai hatte er dem Krebs in seinem Magen nichts mehr entgegenzusetzen, und wie immer in solchen Momenten gab es plötzlich so vieles, worüber ich gern noch mit ihm gesprochen hätte. Oder zumindest weiter mit ihm geschwiegen, wie wir es so lange getan hatten.

Ich erinnerte mich daran, wie mir fast dreißig Jahre zuvor der Brief ins Auge gefallen war. Auf einen Blick konnte ich erkennen, dass es keine Geschäftspost war, und ich wunderte mich darüber, dass mein Vater ihn mir nicht gezeigt hatte. Eigentlich war es nämlich üblich, dass er seinen fast volljährigen Sohn ums Gegenlesen bat, bevor er einen Brief abschickte. Sein gesprochenes Deutsch war gut, aber beim Schreiben schlichen sich Rechtschreib- und Grammatikfehler ein, die ich auszubügeln hatte. Nun lag dieser Brief auf seinem Schreibtisch, und ich begann ihn zu lesen. Adressiert war das Schreiben an *Die Welt*, ein Leserbrief also an die Tageszeitung, die mein Vater damals abonniert hatte. Über zwei Seiten, geschrieben in gestochener Handschrift mit sehr vielen Fehlern. Doch sie waren ihm offensichtlich egal gewesen. Er war zu empört, darauf Rücksicht zu nehmen, denn er hatte Beschwerde zu führen.

Einige Tage zuvor hatte er in Heidelberg auf der Straße Albert Speer gesehen. Speer war zunächst der Architekt gewesen, der Hitlers größenwahnsinnige Visionen in Gebäude und Städte umsetzen und Germania bauen sollte, die phänomenale Hauptstadt des großdeutschen Reiches. Im Zweiten Weltkrieg wurde Speer dann Rüstungsminister und saß anschließend als Kriegsverbrecher in Berlin-Spandau ein. In der Haft hatte er seine Lebenserinnerungen geschrieben, die später ein großer Erfolg wurden. 1966 war Speer entlassen worden und nach Heidelberg zurückgekehrt.

Die Empörung meines Vaters hatte weniger mit dem Umstand zu tun, dass er Speer noch weiter inhaftiert sehen wollte. Ihn hatte wohl eher die Haltung des Mannes aus der Fassung gebracht, der als ehemaliger Täter stolz, gerade und ungebeugt durch die Straßen ging. So, als wäre es die Parade eines Siegers, während die Opfer ihr Leid nie vergessen konnten.

Mit dieser Begegnung muss bei ihm eine Saite angerührt worden sein, die ein ganzes Orchester zum Klingen brachte. Mich überraschte das nicht. Es gibt Räume in großen alten Häusern, die für Kinder ganz besonders spannend sind; man hat sie nie betreten und stellt sich Drachen oder Feen hinter der Tür vor. Auch bei uns gab es diese geschlossene Tür, nur war mir klar, was dahinter war, und eigentlich mochte ich keinen Blick durchs Schlüsselloch werfen.

Ich weiß nicht, ob mein Vater den Brief wirklich abgerührt hat, denn ich habe nie mit ihm darüber gesprochen. Als ich ihn las, kam es mir jedoch so vor, als wäre dieses Schreiben sowieso nicht an eine Zeitung adressiert, sondern an die Geschichte: »Sehr verehrte Geschichte, wie kannst du es zulassen, dass jemand, der …« Es war der Beschwerdebrief an eine Historie, über die bei uns zu Hause nie gesprochen wurde, weil sie zu grausam, blutig und leidvoll war. An eine Geschichte, mit der wir lebten, ohne sie auch nur einmal zu erwähnen.

Ich habe viele Juden kennen gelernt, die jammerten wie an der Klagemauer. Sie brauchten dieses Jammern als ein nur zu verständliches Ritual. Das ist keine Abwertung, es war eben ihr Umgang, mit einem Grauen einigermaßen fertig zu werden, in das sich niemand hineinversetzen kann, der es nicht selbst überlebt hat. Mein Vater hingegen schwieg, und an diesem Schweigen ist in unserer Familie nie gerührt worden. Mir war klar, dass es für ihn schrecklich wäre, über seine Erlebnisse zu sprechen, und der Tag, an dem das geschähe, sich in furchtbares Elend verwandeln würde. Ich wollte aber, dass es meinem Vater und mir mit ihm gut ging. Allein deshalb wäre ich nie auf die Idee gekommen, ihn zu bitten: »Jetzt erzähl doch mal.« Welches Zeitzeugnis hätte ich mir denn bei ihm abholen sollen? Anekdoten des Unmenschlichen? Wie seine engsten Familienmitglieder verschleppt wurden, vergast, und nie mehr zurückkamen? Oder wie er erlebt hatte, dass irgendwelche SS-Schergen kleine Kinder an die Wand geklatscht hatten? Vielleicht sogar seine kleine Schwester?

Mir geht es noch heute so, dass ich im Fernsehen keine Dokumentation über den Holocaust sehen kann. Bei Bildern aus Konzentrationslagern schalte ich sofort weg. Das habe ich von meinem Vater übernommen. Als damals die bedeutende Dokumentation »Das Dritte Reich« oder später die Holocaust-Serie im Fernsehen lief, hat mein Vater sich das nicht angeguckt. Auch sein Bruder, der eigentlich der Filou der Familie war, schwieg über das, was sie erlebt hatten. Ein so großer Plauderer er auch sonst war, bei diesem Thema verstummte er. Es war ein Tabu, an das nicht gerührt wurde. Sie wollten nicht die Geister wecken, dunkle Geister.

Meine Mutter war Komplizin dieses Schweigens und Bewahrerin der Geheimnisse. Das hatte nichts damit zu tun, dass ihre Familie zu den Tätern gehört hätte. Sie war in einer katholischen Familie in Kattowitz aufgewachsen, zu Hause wurde Deutsch gesprochen. Dass Oberschlesien 1939 von den Deutschen zurückerobert wurde, hatte ihren Vater zwar zuerst gefreut, aber zwei Jahre später wurde er von einem polnischen Nachbarn denunziert, ausländisches Radio gehört zu haben. Er kam als Deutscher ins Konzentrationslager Auschwitz, das am Ende der Straßenbahnlinie von Kattowitz lag, und starb dort zwei Wochen später. Ob er ermordet wurde, haben sie meiner

Mutter und Großmutter nicht gesagt, sie bekamen nur per Telegramm die Nachricht, dass er nicht mehr lebte.

Das wenige, was ich über die Geschichte der Familie meines Vaters weiß, habe ich von meiner Mutter. Die Reifs stammen aus Lemberg, dem heutigen Lviv in der Ukraine. Lemberg gehörte bis zum Ende des Ersten Weltkriegs zur K.u.K.-Monarchie und war Hauptstadt des österreichischen Reichsteils Galizien, wurde anschließend Polen zugeschlagen und zu Beginn des Zweiten Weltkriegs zunächst von der UdSSR annektiert. Mein Großvater hatte dort eine kleine Möbelfabrikation, und angeblich kam er zu Beginn des deutschen Russlandfeldzugs 1941 mit dem späteren Krupp-Chef Berthold Beitz in Kontakt, dem er einige Möbel baute. Beitz, damals erst Ende 20, war Leiter einer Raffinerie nicht weit von Lemberg entfernt.

Mit dem Russlandfeldzug begann die Ermordung der jüdischen Bevölkerung, die in Galizien rund ein Drittel der Bewohner stellte. Der Kontakt zu Beitz half meinem Großvater, als er mit seiner Frau und den vier Kindern nach Borislaw verschleppt wurde. Dort gab es Erdölfelder und besagtes petrochemisches Unternehmen, das Benzin herstellte und von Beitz geleitet wurde. Fast der gesamte Betrieb wurde von Juden aufrechterhalten, die dort Zwangsarbeit leisteten. Beitz war jedoch kein Nazi-Schlächter. Im Gegenteil wurde ihm später in der Holocaust-Gedenkstätte Yad Vashem in Jerusalem mit einem Baum auf der »Allee der Gerechten« gedankt, weil er viele Juden in Borislaw vor der Deportation in die Vernichtungslager bewahrt hat. Mit dem Hinweis auf ihre kriegswichtige Arbeit holte er sie teilweise vom Bahnhof, ja sogar aus den Todeszügen zurück. So rettete er vielen Juden das Leben, bis die Rote Armee im letzten Kriegsjahr vorrückte und die Raffinerie aufgegeben werden musste. Auf welche Weise mein Vater, sein Bruder und seine ältere Schwester fliehen konnten, weiß ich so wenig, wie ich die Umstände kenne, warum es meinen Großeltern und ihrer jüngsten Tochter nicht gelang. Jedenfalls hielt sich mein Vater nach der Flucht aus dem Lager bei russischen Partisanen in Erdlöchern versteckt.

Mehr als diese dürren Umrisse der Geschichte kenne ich nicht, die Folgen sehr wohl. Mein Vater litt unter Klaustrophobie. Er hat es nie lange in einem geschlossenen Raum ausgehalten, musste dann raus und einmal um den Häuserblock gehen. Auch wenn es ihm zu eng wurde und zu viele Menschen da waren, ging er vor die Tür. Vielleicht hatte das mit dem Leben in Erdlöchern zu tun, vielleicht mit dem Transport ins Lager oder dem Leben dort, ich weiß nicht.

Mein Vater war trotzdem ein witziger und durchaus fröhlicher Mann. Er konnte ein großer Kindskopf sein, was ich sehr an ihm geschätzt habe, zugleich hatte er einen Hang zu Depressionen. Dann zog er sich in sich zurück und fand nicht mehr heraus. Das hat mir unglaublich zu schaffen gemacht. Vielleicht, weil ich eine ähnliche Anlage in mir befürchtet habe und heute bei mir gelegentlich das gleiche Strickmuster erlebe. Damals allerdings wurde ich wütend, wenn etwa meine Frau und ich mit dem noch kleinen Jan zu Besuch gekommen waren und er sich so fallen ließ. Er vergötterte seinen Enkel und war trotzdem nicht für ihn erreichbar. Wenn ich mich darüber beschwerte, hat meine Mutter viel strenger als sonst gesagt: »Ach, lass ihn in Ruhe!«

Vielleicht habe ich in dieser Zeit ein übersteigertes Harmoniebedürfnis entwickelt, weil es genug Gründe dafür gab, dass es nicht harmonisch zuging. Es war Disharmonie nicht im Sinne von Streit, sondern von schwarzen

Flecken oder von dunklen Abgründen. Man kann sich daher schon die Frage stellen, warum er überhaupt nach Deutschland gekommen war, ins Land der Täter. Ich vermute, weil er ein großer Pragmatiker war. Welche Möglichkeiten hätte es für die Familie gegeben? In Israel zu bleiben kam vor allem für meine Mutter nicht in Frage. Genauso wenig war Amerika ein Thema, weil weder mein Vater noch meine Mutter Englisch sprachen. Deutsch hingegen wohl, und in Deutschland gab es viele verwandtschaftliche Anknüpfungspunkte. Außerdem ging es in dieser Zeit um elementare Fragen, um ein Dach über dem Kopf, um einen Job, mit dem man gleich anfangen und die Familie ernähren konnte.

Zu diesem Pragmatismus mag auch sein Schweigen gehört haben. Was dabei jedoch ganz wichtig war, liegt in einem Unterschied, den man vielleicht nicht gleich erkennt. Wir haben gewusst, was ihm geschehen war, aber er hat es uns nicht spüren lassen. Es legte sich also keine seltsame Stimmung oder Atmosphäre über unseren Alltag. Er musste aus dem Haus, wenn es ihm zu eng wurde, er verfiel hin und wieder in dunkle Stimmungen, aber es gab keinen dunklen Grundton. Dass ihm das gelang, dafür bewundere ich meinen Vater noch heute. Hätte er uns sein Leiden spüren lassen, es wäre furchtbar gewesen. Dann hätte ich wohl auch Hass auf das Land entwickelt, in dem wir lebten. Doch als wir etwa in der Schule das Dritte Reich durchgenommen haben und von den sechs Millionen ermordeten Juden die Rede war, habe ich meinen Vater nicht ständig als Hauptfigur dieser Geschichte gesehen. Das mag seltsam erscheinen, war für mich Jungen aber hilfreich, sein Leid nicht mittragen zu müssen.

Mein Vater war säkularisierter Jude, und er wollte, dass seine Kinder katholisch getauft würden. Aber er hat dem

Judentum nicht abgeschworen, als wir nach Deutschland kamen. An hohen Festtagen, vielleicht dreimal im Jahr, ging er in die Synagoge. Stand etwa Passah an, wusste meine Mutter außerdem, dass sie die Küche auf absehbare Zeit vergessen konnte, weil mein Vater dort kochte und regelmäßig ein Chaos hinterließ. Genauso schwungvoll wurden bei uns Weihnachten oder Ostern begangen. Das hat er ebenfalls gern mitgenommen, pragmatisch halt. Diese Feste waren lustig, weil großer Familiensinn zelebriert wurde, der sich bei mir erhalten hat. Man geht sich nach anderthalb Tagen zwar gewaltig auf die Nerven, aber der erste Tag ist toll, da können gar nicht genug Leute am Tisch sitzen.

Als wir Kinder aus dem Haus waren, Hotel und Restaurant in Heidelberg verkauft und meine Eltern eigentlich gut von dem leben konnten, was sie sich erarbeitet hatten, begann mein Vater mit Schmuck zu handeln. Er war zwar kein Juwelier, hatte aber Verbindungen nach Antwerpen. So bekam er Aufträge von Freunden und Bekannten, die Ringe oder Colliers haben wollten, kaufte die entsprechenden Steine, ließ sie fassen und kam mit dem fertigen Schmuckstück zurück. Auf den Fahrten dorthin habe ich ihn gern begleitet, weil ich das Gefühl hatte, auf diese Weise das Jüdische in mir besuchen zu können.

In der Pelikanstraat nahe dem Antwerpener Bahnhof liegt das Viertel mit jüdischen Geschäften und Cafés, das so wirkte, wie früher jüdische Quartiere gewesen sein müssen. Ich hatte großes Vergnügen daran, dort die Rituale der Verhandlungen mit den Diamantenhändlern mitzubekommen. Die Geschäfte wurden fast nur auf der Straße abgewickelt – im Gehen. Also liefen die Menschen ununterbrochen hin und her. Dabei wurde das Gefeilsche hier abgebrochen, um es eine halbe Stunde später dort wieder aufzunehmen. Meistens blieben wir zwei Tage in Antwerpen, und die ganze Zeit über sind wir durch die Straßen des Viertels gekreist, haben gequatscht und verhandelt. Es gab endlose Zankereien um 200 Mark, bis ich schon keine Lust mehr hatte und die Differenz am liebsten selbst bezahlt hätte. Am Abend gingen genau diese beiden Männer, die sich den ganzen Tag über wegen 200 Märkern bis zum Letzten gestritten hatten, gemeinsam essen und debattierten nun endlos, wer die viel höhere Rechnung bezahlen durfte.

Mein Vater amüsierte sich gern über seine orthodoxen Glaubensbrüder. So gilt die Regel, sich vor Betreten eines Hauses den Staub von den Schuhen zu wischen. Das machten sie, indem sie die Füße kurz anhoben und mit den Schuhen hinten an der Anzughose entlangwischten. Darüber konnte er sich genauso wenig einkriegen, wie über das Durcheinander, das meine Mutter veranstaltete. Auch sie kam gern nach Antwerpen mit, vergaß aber, dass orthodoxe Juden einer fremden Frau nicht die Hand geben dürfen. Da stellte mein Vater sie also einem älteren würdigen Orthodoxen vor, und wieder streckte meine Mutter ihm dolchartig die Hand entgegen. So konnte der arme Mann nun nicht anders, als die Hand zu schütteln, und als sich unsere Wege trennten, merkte ich, wie mein Vater rumgluckste und sich gar nicht beruhigen konnte. Dann sagte er zu meiner Mutter: »Eine Woche lang wird er sich jetzt sechsmal am Tag die Hände waschen, weil er einer fremden Frau die Hand geschüttelt hat. Du treibst diese Menschen in den Waschzwang.«

Nachdem ich mein Abitur gemacht hatte, bin ich nach Israel gefahren, um meine Verwandten zu besuchen. Die Schwester meines Vaters lebte dort, weiter entfernte Teile der Sippe und deren Bekanntenkreis. Brave Handwerker oder Kaufleute waren das, weder Professoren noch Gelegenheitsdiebe. Und bei diesem Besuch spürte ich, dass ich für sie einer war, der von dort kam, wo sie gern geblieben wären, wenn man sie nur gelassen hätte. Zunächst einmal äußerten sie ihre Fassungslosigkeit darüber, wie mein Vater hatte entscheiden können, nach Deutschland zu gehen, und wie ich als sein Sohn nur dort bleiben könne. War der Abend weiter fortgeschritten, ging es darum, wie schön die Zeiten in Deutschland gewesen waren und wie gern sie da gelebt hatten. Sie trafen sich zum Rommćspielen, und es war eigentlich ein deutsches Kaffeekränzchen, bei dem Jiddisch gesprochen wurde.

Meine Cousine war mit einem Sabre verheiratet, einem in Israel Geborenen. Juda, ein olivehäutiger, blendend aussehender Offizier der israelischen Armee war kaum älter als ich. Er konnte mir aus erster Hand über die Kriege erzählen, in die er für Israel gezogen war. Er sprach davon, wie sie ägyptische Gefangene gefoltert hatten, um etwas zu erfahren. Der Abiturient auf Urlaubsreise war entsetzt über die so kühle Selbstverständlichkeit, mit der Juda das berichtete. War dieses Volk nicht gequält worden, gefoltert und ermordet wie kein anderes auf der Welt? Hatten sie denn nichts gelernt aus der Geschichte? Ich verkniff es mir, diese Fragen laut zu stellen, und tat gut daran. Juda erzählte in den folgenden Tagen noch viele Geschichten vom Töten und Sterben, von Todesangst und vom Überleben. Es ging nicht darum, aus der Geschichte zu lernen, weil die Töchter und Söhne ihre eigene Geschichte hatten. Ich war sprachlos, weil ich täglich deutlicher spürte, dass es mir nicht zustand, hier zu urteilen. Vielleicht war ich mir auch meines Standpunktes nicht sicher. Vielleicht hatte es mit dem Schweigen in unserer Familie zu tun, nicht an den tiefsten Dingen zu rühren.

Zu diesem Schweigen passen auch die Umstände der Beisetzung meines Vaters. Eigentlich sollte ich als sein Erstgeborener bei der Trauerfeier in der Leichenhalle noch ein paar Worte sprechen. Doch ich hatte es an entsprechender Stelle nicht angekündigt und war noch benommen von Trauer, als die Zeremonie zu Ende war und der Sarg zur Einäscherung hinausgetragen wurde. Was immer ich noch hatte sagen wollen, es blieb ungesagt.

19 Transfer zu RTL

Outer Banks, North Carolina, war sehr schön, sehr ruhig und sehr weit weg. Die Ferienhäuser stehen auf Stelzen über den Sandbänken. Es war genau der Urlaub, den ich nach der Weltmeisterschaft 1994 in den USA dringend brauchte. Das Turnier war aufregend gewesen, aber wegen der großen Entfernungen zwischen den Spielorten strapaziös, und ich hatte meiner Sekretärin aufgetragen, unsere Telefonnummer nur im absoluten Notfall weiterzugeben. Als eines Morgens trotzdem das Telefon klingelte, ahnte ich gleich, dass etwas nicht stimmte. Und als ich eine Stimme hörte, die nicht die meiner Sekretärin war, wusste ich sofort, was nicht stimmte. Sie wollte mich nämlich zu Klaus Bresser durchstellen, dem Chefredakteur des ZDF.

Ich hatte beim »heute-Journal« noch unter Bresser gearbeitet, und unsere Frauen waren miteinander befreundet. Nur würde es in diesem Telefonat nicht um den Austausch von Freundlichkeiten oder um Urlaubsgrüße gehen. Bresser würde mich fragen, ob es stimmte, dass ich das ZDF verlassen und zu RTL gehen wolle. Und ich würde nicht wissen, was ich darauf sagen sollte.

Der Anruf fiel in eine Zeit, die das Ende einer Ära markierte. Bis 1989 waren wir in den Sportredaktionen der öffentlich-rechtlichen Sender die unumschränkten Könige der Fernseh-Welt gewesen. Dann kaufte RTL erstmals die Bundesligarechte, was für uns beim »Aktuellen Sportstudio« noch kein so großes Problem war wie für die ARD-»Sportschau«. Wir konnten die Samstagsbegegnungen weiter hübsch aufbereiten und hatten darüber hinaus unsere Live-Spiele im Europapokal. Das änderte sich jedoch, als RTL für die Saison 1994/95 erstmals die Rechte der Champions League erwarb.

Damit verloren wir nicht nur attraktiven Sport, RTL bereitete auch eine neue Form der Präsentation vor. Die Idee von RTL-Informationsdirektor Hans Mahr war richtig: Fußball wird mal besser und mal schlechter gespielt, also wollte er ein Event daraus machen, das auch an weniger guten Tagen attraktiv ist. Auf die Verpackung kam es ihm an, und zum Verpacken gehören Verpacker, bei denen man sicher sein kann, dass sie verlässlich eine bestimmte Qualität abliefern. Mahr ist ein Verkäufer, der stets fragt, was er dem Markt geben kann und wie er die Leute dazu bekommt, ihm das dann abzukaufen. Dazu musste das Produkt Fußball so gut wie möglich von Sieg und Niederlage der Teams emanzipiert werden. Man kann schließlich nicht erzwingen, dass Bayern München, Borussia Dortmund oder wer auch immer bei RTL ein besseres Spiel abliefern, als sie es bei ARD, ZDF oder SAT.1 tun würden. Aber man kann ein besseres Umfeld schaffen, zumindest eines, das die Zuschauer dafür halten.

Mahrs Devise war: »Why not the best?« Also hatte er die Idee zu einem – wie er sagte – »Dreamteam« für die Champions League, und Günther Jauch, der früher das »Aktuelle Sportstudio« moderiert hatte und über »Stern

TV« schon an RTL gebunden war, schlug ihm vor, Franz Beckenbauer als Experten und mich als Kommentator zu verpflichten. Mahr fragte daraufhin: »Wer ist denn Reif, habe ich noch nie gehört?« Er interessiert sich nämlich nur rudimentär für Fußball und hat später selbst bei den eigenen Übertragungen nur kurz reingeschaut. Trotzdem rief mich der damalige RTL-Sportchef Burkhard Weber an und fragte, ob ich mir einen Wechsel vorstellen könnte.

Früher hatte ich rund ein Dutzend Live-Spiele im Jahr kommentiert, im Jahr vor der WM waren davon noch dreieinhalb Partien übrig geblieben, das heißt drei live und eine versetzt und gekürzt. Das war für jemanden, dem gerade der »Sportspiegel« dahingeschieden war und der sonst nicht viel mehr konnte, ein doch etwas magerer Tätigkeitsnachweis. Und natürlich wollte ich irgendwann, wie jeder gestandene Fußballspieler, eine andere Kultur kennen lernen und eine andere Sprache. Oder auf Deutsch: das kassieren, was der Markt hergab. Ich hatte beim ZDF nicht schlecht verdient, aber RTL bot mir das Zweieinhalbfache – für elf Fußballspiele im Jahr. Keine täglichen Redaktionssitzungen mehr, nicht jeden Samstag ins Stadion. Vieles sprach also für einen Wechsel, und ich einigte mich mit RTL, konnte und wollte den Vertrag vor Beginn der Weltmeisterschaft allerdings nicht unterschreiben.

Ich reiste in die USA ab, kommentierte die Spiele, die Zuschauer fanden gut, was ich machte, und die Fernsehkritiker jubelten. Der Österreicher Mahr merkte zu Hause, wie er mir später gesagt hat, »was du für oa Sensation bist«. Als alter Fahrensmann wollte er deshalb sofort unsere Vereinbarung wasserdicht machen, nicht, dass sie im ZDF plötzlich über ihren Schatten springen würden.

Dabei wollte ich gar nicht pokern. RTL hatte mir ein gutes Angebot gemacht, ich hatte angenommen und wollte nun in Ruhe die WM fürs ZDF kommentieren. Danach, so war meine Idee, würde ich mich mit den Kollegen in Mainz hinsetzen und ihnen meinen Entschluss mitteilen. So machte ein kluger Jurist bei RTL einen Vertragsentwurf und brachte ihn, da ich in den USA schwer erreichbar war, zu meiner Frau. Sie unterschrieb in meinem Namen, auch wenn das juristisch nicht unbedingt haltbar war. Ich bestand aus der Ferne noch darauf, eine Klausel anzufügen, dass der Kontrakt hinfällig wäre, falls er vorher publik würde. Ich wollte es meinen Kollegen, mit denen ich 22 Jahre gearbeitet hatte, nach der WM selber sagen. Sie sollten es nicht aus der Zeitung erfahren.

Das war der Stand der Dinge, als in Outer Banks, North Carolina, das Telefon klingelte und eine Sekretärin mich mit Klaus Bresser verband. An diesem Tag, so sagte er am Telefon, hatte *Bild* gemeldet: »Reif wechselt zu RTL«. Übrigens für einen deutlich höheren Betrag im Jahr, als eigentlich ausgemacht war.

Sollte ich Bresser anlügen? Konnte ich ihn anlügen?

Ich wollte überhaupt nicht lügen. Ich hatte keinen Grund dazu. Bresser fragte mich, wann ich zurückkommen würde, und bestellte mich für den Morgen danach in sein Büro. »Wir werden Ihnen ein Angebot machen, das Sie ganz sicher annehmen«, sagte er.

Mit einer Höllenwut rief ich bei RTL in Köln an und fragte: »Wer hat das ausposaunt? Es gibt nur zwei Möglichkeiten: Entweder es kommt von mir und ich hätte dann wirklich einen ganz komischen Anfall von Bewusstseinsspaltung, oder aber es kommt von euch.«

»Ja, was machen wir jetzt?«, fragte Weber.

»Das ZDF bietet mir genau das, was Sie mir geboten haben, und damit sehe ich überhaupt keinen Grund, von Mainz nach Köln überzusiedeln«, pokerte ich nun doch – aus Empörung.

Sonntagnachmittag landeten wir in Frankfurt, um sieben Uhr abends standen Mahr und Weber vor unserer Haustür. Beim Aussteigen aus dem Auto sagt Mahr: »Grüß Gott, Herr Reif, wir sind hier, um die Deppensteuer zu zahlen.«

Einerseits war es mir rätselhaft, dass meine Arbeit plötzlich so viel wert war, andererseits hatte ich den Kollegen Jauch im Ohr. »Weißt du, wie viele Werbeblöcke RTL an einem Spieltag sendet? Weißt du, was jeder dieser Werbespots einbringt? Weißt du, wie viel Werbung es braucht, um deinen Jahresvertrag einzuholen? Drei bis vier Spots, mehr nicht«, hatte er mir gesagt. Es ging eben nicht mehr darum, wie viele Stunden man brav arbeitet. Es ging darum, dass sich Sender, die inzwischen in Konkurrenz miteinander standen, über bestimmte Gesichter und Stimmen gegenseitig auszustechen versuchten. Weil RTL sein Geld selbst verdienen musste, konnte ich davon ausgehen, dass sie für mich und andere nur so viel ausgaben, wie sie wieder einnehmen konnten.

Am nächsten Tag bin ich zu Bresser gegangen und habe gesagt, wie die Dinge standen. Er sagte, dass er da doch nicht mithalten könne, und ich habe ihn um eine saubere Trennung gebeten. Ich war schließlich beim ZDF aufgewachsen, hatte dort alles gelernt und dem Sender unheimlich viel zu verdanken. Bresser gab mir anschließend sogar Ratschläge, wohin ich nach Köln ziehen sollte. Auch mit Karl Senne, der im Sport mein Vorgesetzter war, gab es ein gutes Gespräch. »Wenn ich ein solches Angebot bekäme, könnte ich es meiner Familie gegenüber nicht verantworten, es nicht anzunehmen«, sagte er sogar öffentlich. Alles sah nach einer sauberen Trennung aus, woran auch RTL sehr interessiert war, denn die Champions League begann zwei Wochen später und ich sollte das erste Spiel kommentieren, Bayern München gegen Spartak Moskau. Die Programmpressekonferenz war schon am Freitag der gleichen Woche in München angesetzt, und ich sollte dort vorgestellt werden.

Nur Prof. Dieter Stolte fand es als ZDF-Intendant ungehörig, dass die privaten Sender einen vergleichsweise prominenten Mann des eigenen Hauses wegkauften, und drängte auf Einhaltung der Kündigungsfrist. Er ließ mich in seinem Büro im 14. Stock antanzen und teilte ordentlich aus. Ich hätte die WM nur benutzt, um meinen Marktwert zu steigern. Darauf sagte ich: »Ich glaube nicht, dass ich irgendetwas gegen Sie genutzt habe, sondern Sie haben mich dahin geschickt. Und soviel ich gelesen habe, habe ich dem ZDF mit meinen Hervorbringungen nicht übermäßig geschadet.« Die Atmosphäre beruhigte sich, tatsächlich war Stolte aufgefallen, dass ich weder nach innen noch nach außen ein schlechtes Wort über das ZDF gesagt hatte. Also einigten wir uns auf einen kleinen Kompromiss. Ich würde noch drei Monate bleiben und zum Abschluss das Länderspiel am 11. November in Ungarn kommentieren.

Also machte RTL eine Programmpressekonferenz, stellte mein Namensschild auf und ließ den Platz frei. In Kürze sitzt Herr Reif hier, im Moment noch nicht, sollte das heißen und läutete ein unangenehmes Gezeter um das Verhältnis zwischen privaten und öffentlich-rechtlichen Sendern ein. Ein halbes Jahr lang wurden in *Spiegel*, *Stern* und vielen Tageszeitungen diskutiert, dass nun schon Reporter von den Privaten weggekauft würden. Stolte hatte die Diskussion angeheizt, indem er meinen Wechsel »einen eklatanten Fall finanzieller Saturiertheit des kommerziellen Systems« nannte, und sah die Gefahr eines »Niedergangs des öffentlich-rechtlichen Systems«. Die Forderung ging um eine bessere finanzielle Ausstattung der öffentlich-rechtlichen Sender und war eine der vielen Runden dieser Diskussion, die noch heute geführt wird. Damals war es ein Indiz, dass die Privatsender aufgeschlossen hatten.

Die Kritik ging vor allem dahin, dass die Verpackung wichtiger würde als der Inhalt. Doch selbst wenn Hans Mahr ein Mann der Verpackung war, fühlte ich mich nicht auf der falschen Seite. An den 90 Minuten Fußball selbst sollte sich bei RTL nämlich nichts ändern, und die neue Konstellation stimmte ebenfalls. Mit Jauch war ich befreundet und mit Beckenbauer mittlerweile kollegial eng verbunden. Das führte zu einer Abschottung gegen irgendwelchen übertriebenen Unsinn und aufgesetzten Schnickschnack. Im Grunde war es ganz einfach: Ich kommentierte meine Spiele, Jauch moderierte auf seine charmant-spröde Art, und Beckenbauer gab Beckenbauer. Es wurde eine glückliche Konstellation zum richtigen Zeitpunkt.

Zuvor gab es noch drei Monate Nachklapp beim ZDF mit dem Abschluss eines grauenhaften 0:0 der Deutschen Nationalmannschaft im Nep-Stadion zu Budapest. Dieter Kürten moderierte und sagte am Ende seiner Anmoderation vor dem Spiel: »Kommentator ist Marcel Reif, der im Übrigen heute sein letztes Spiel für das ZDF kommentiert. Schade.« Gott sei Dank kam noch kurz Werbung dazwischen, denn ich hatte gewaltig zu schlucken. Dann kam nach Abpfiff noch der ungarische Kollege Jenö Knezy, mit dem ich aus alten Eishockey-Zeiten eine Freundschaft pflege. Er hatte mitbekommen, dass ich das letzte

Spiel für meinen alten Arbeitgeber kommentierte, und schenkte mir das verschwitzte Trikot mit der Nummer 3, das er dem linken Verteidiger der ungarischen Nationalmannschaft abgeschwatzt hatte. Anschließend haben wir es uns gegeben im schönen Budapest, und das war das rührselig-trunkene Ende der langen Beziehung zwischen dem ZDF und mir.

Eine knappe Woche später habe ich mein erstes Spiel für RTL gemacht: Spartak Moskau gegen Bayern München – das Rückspiel der Partie, die ich eigentlich schon drei Monate früher hätte kommentieren sollen. Von da an hätte ich glücklich und zufrieden bei RTL sein können, hätte Hans Mahr nicht irgendwann gesagt: »Ich finde, Sie sollten Sportchef werden.«

20 »Hätten Sie nicht vielleicht doch lieber ein Bier?«

Zum ersten Mal sollte der neue Werbespot in der Halbzeitpause des Spiels Ajax Amsterdam gegen Bayern München laufen. Am 19. April 1995, beim Rückspiel im Halbfinale der Champions League. Die Uraufführung war ans Ende des Werbeblocks platziert worden, wo die Spots am teuersten sind, weil sich die Zuschauer inzwischen frische Knabbereien zurechtgestellt haben und von der Toilette zurück sind. Vorfreude war durchaus da bei mir, als neuer Werbestar einer Brauerei aus der Eifel zu reüssieren. Sie verwandelte sich aber in Entsetzen, als ich den Pfiff des Schiedsrichters in den Katakomben des Amsterdamer Olympiastadions hörte. War er nicht etwas voreilig, die Mannschaften schon wieder auf den Platz zu schicken?

Schließlich war der Umfang der Werbeinseln in der Halbzeitpause standardisiert, sie dauerten immer genau 14 Minuten. Dazu kam noch der Puffer von einer Minute, um ins Stadion zurückzuschalten. Die erste Spielhälfte war um genau 21:17:08 Uhr abgepfiffen worden, und die Rückkehr auf den Platz kam mir viel zu früh vor.

Draußen war es relativ kühl, die Mannschaften mochten also nicht lange auf dem Platz herumstehen, und dann gab ein wild gewordener UEFA-Funktionär schon das Zeichen zum Wiederanstoß. In diesem Moment war es genau 21:30:16 Uhr, die Halbzeitpause hatte also nur 13 Minuten und acht Sekunden gedauert, und aus der Regie sagten sie mir, dass der Werbeblock noch ungefähr zwei Minuten laufen würde. Man konnte ihn nicht unterbrechen, das war klar. Und genauso sicher war, dass er von Herrn Reif im brandneuen Spot für Bitburger Bier beschlossen werden würde.

Also saßen daheim in Deutschland die Zuschauer von RTL gemütlich auf dem Sofa und wussten nicht, dass sich Ajax Amsterdam bereits wieder mit großer Spielkultur den Strafraum der Bayern entgegenkombinierte. Dort angelangt, kam Jari Litmanen an den Ball, und ich war mir völlig sicher, wohin er ihn schießen würde. In den Winkel des Münchner Tors. Da schlug er um exakt 21:31:15 Uhr auch ein, und während die Spieler von Ajax Amsterdam jubelten und die Bayern bedröppelt dreinschauten, bestaunten mich die Zuseher, wie ich ein Bierglas in der Hand hielt.

Eine Minute und zwanzig Sekunden nach dem Tor für Ajax waren wir wieder auf Sendung, und der Kasper, den das Fernsehpublikum gerade noch als neuen Star der Bierwerbung bewundert hatte, musste nun peinlich berührt erklären, dass es in der Zwischenzeit nicht etwa nichts, sondern durchaus ein Tor verpasst hatte. Wäre es eine andere Werbung gewesen, hätte ich sagen können: »Meine Damen und Herren, tut mir Leid, die Kollegen haben sich leider verrechnet.« Aber so machte es den Eindruck, als sei mir persönlich die Bierwerbung wichtiger gewesen, als im rechten Moment wieder am Ball zu sein. Meine Fassungslosigkeit war grenzenlos, und dass ich für diese Panne hinterher nicht gevierteilt, geteert und gefedert worden bin, verdanke ich dem FC Bayern. Die Münchner hatten in Amsterdam nämlich einen schwarzen Tag. Der Treffer von Litmanen war bereits das 4:1 für Ajax, die am Ende sogar mit 5:2 gewannen, und da gab es also Wichtigeres zu tun, als Hohn und Spott über das Debüt des werbetreibenden Reporters auszuschütten.

Das leicht traumatische Erlebnis dampfte meine Begeisterung erst mal ein, die ich bei der Anfrage gehabt hatte: »Wir würden gerne mit Ihnen eine Werbung für Bitburger machen.« Damals dachte ich: »Wow! Das gibt's doch gar nicht. Der kleine Fußballfuzzi wird jetzt Werbung machen, bekommt dafür noch eine fünfstellige Summe in Deutscher Mark und braucht dazu nur für zwei Tage zum Drehen nach Hamburg zu kommen.« Ich war hingerissen, rief meinen Freund Dieter Kürten an und erzählte ihm davon. Er sagte nur: »Leg auf, ich rufe dich in zehn Minuten wieder an.« Zehn Minuten später erklärte mir der werbeerfahrene Kürten, das Angebot sei eine Frechheit, und er hätte es daher mit einem Telefonat mit Bitburger verdoppelt. Da staunte ich noch mehr, und trotzdem brachte mir mein toller Werbevertrag viel Spott ein. Vor allem von Robert Schwan, dem inzwischen verstorbenen Manager von Franz Beckenbauer. Ich traf ihn als Sportchef von RTL mindestens zweimal im Jahr, und jedes Mal musste ich mir von ihm den gleichen Spruch anhören: »Wie geht's Ihnen? Haben's wieder so oan Bitburger-Deal g'macht?« Dann brach er in schallendes Gelächter aus und brauchte einige Minuten, bis er sich wieder beruhigt hatte.

Hätte den Vertrag einer wie Schwan ausgehandelt, hätte ich wahrscheinlich ein Vielfaches verdient, der Spot für Bitburger wurde nämlich zu einem der erfolgreichsten und am längsten im deutschen Fernsehen eingesetzten. Er lief fast ein Jahr lang, nur profitierte ich von dem Erfolg nicht. »Mensch, das bin ja ich«, dachte ich in den ersten Wochen, wenn ich im Fernsehen wieder das Bierglas schwenkte. Bald war es nicht mehr zu ertragen, weil ich das Gefühl bekam, auf meinem Grabstein würde stehen: »Bitte ein Bit!« Denn keine noch so formidable Reporterleistung hatte so viel Wiedererkennbarkeit bewirkt wie diese Reklame. Selbst im Ausland wurde ich darauf angesprochen; in Spanien fragte mich ein Spanier auf Spanisch, ob ich nicht diese Werbung für Bier machen würde. Offensichtlich war er beim Zapping durch die Kanäle bei einem deutschen Sender hängen geblieben und hatte sich mein Gesicht gemerkt. Und wenn ich im Lokal ein Glas Wein bestellt habe, zwinkerten mir die Kellner jovial zu und fragten: »Sind Sie sicher?« So bin ich sehr dankbar dafür, dass der Mensch die Gabe des Vergessens hat und im Lauf der Jahre dieser Reif-Bier-Reflex wieder gekappt ist.

21 Und was ist schöner Fußball?

Mein Wechsel zum Privatfernsehen und die Episode als Werbeträger fielen in eine Zeit großer Veränderungen im europäischen Fußball, die vor allem mit der Etablierung der Champions League zu tun hatten. Vereine, die dort regelmäßig spielten, erwarben nicht nur eine größere

Finanzkraft, sondern konnten sich kontinuierlich mit Ihresgleichen messen und dabei sportlich verbessern. Die europaweite Fernsehpräsenz war neben dem Bosman-Urteil einer der Faktoren dafür, dass sich das Spiel internationalisierte und die Wahrnehmung der Zuschauer entsprechend veränderte. Real Madrid war nicht mehr nur ein spanischer Verein oder Juventus Turin ein italienischer, sondern sie wurden zu internationalen Klubs. Einerseits konnte man sie regelmäßig in der Champions League sehen und nicht wie früher nur alle Jahre einmal, wenn sie einem deutschen Klub zugelost wurden. Andererseits setzten sie sich zunehmend weniger nur aus Spaniern oder Italienern zusammen, sondern aus einer Gruppe von Weltstars, die fast ausschließlich zwischen den Großklubs wechselten. Während den Fans früher nur die Spieler aus den Klubs in ihren Ligen geläufig waren und einige Große, die man bei Weltmeisterschaften sehen konnte, wurde vielen nun Manchester United oder der AC Mailand geläufiger als mancher Bundesligist. Die Champions League wurden zu einer dauerhaft bespielten Bühne mit einer Qualität, wie sie früher nur bei Welt- und Europameisterschaften zu sehen war.

Wenn ich sage, dass ich schönen Fußball sehen will, spüre ich häufig Widerwillen. Schöner Fußball, das klingt in den Ohren vieler Fans nach überfeinerten Menüs und teurem Cognac nach dem Essen. Versteckt ist darin ein Ressentiment gegenüber dem Fußball als einer großen Geldmaschine und zusammengekauftem Erfolg. Oft muss ich mir den Vorwurf anhören, ich würde zu viele Spiele in der Champions League sehen, wäre samstags in der Bundesliga enttäuscht und würde die Spieler deshalb in die Pfanne hauen. Das jedoch ist in jeder Hinsicht falsch. Ich kann Spieler und Mannschaften nur nach ihren

Möglichkeiten bewerten und werde sie daher nicht an meinen Wünschen und Vorstellungen messen. Deshalb bin ich über Real Madrid viel schneller verärgert als über einen Bundesligisten mittlerer Güte, der nicht annähernd über solche Möglichkeiten verfügt. Wenn italienische Mannschaften sich im Catenaccio selbst strangulieren, obwohl sie Spieler haben, von denen die meisten Bundesligisten nur träumen, werde ich das anprangern.

Als Real Madrid im Frühjahr 2003 jedoch Manchester United in großem Stil demontierte, habe ich nach der ersten Halbzeit in Bernabeu gedacht, ich hätte das Licht gesehen. Weil Real nicht nur perfekt, sondern auch berauschend schön spielte. In diesem Moment löste sich für mich alles ein, was ich von einem Fußballspiel nur erhoffen kann. Es war eher anrührend und emotional als analytisch oder professionell zu bearbeiten, und zugleich erlebte ich das Glück meines Jobs, wenn man auf einem Spiel einfach wegfliegen kann.

Doch es muss eben nicht immer Zidane sein. Ich habe während meiner Zeit in England viele Ligaspiele gesehen. Das war in den achtziger Jahren, als es dort noch keine ausländischen Trainer und kaum ausländische Profis gab. Der ganze fußballkulturelle Wandel, den man am besten an nun ebenfalls internationalisierten Klubs wie Arsenal oder Chelsea erkennen kann, hatte noch nicht in Ansätzen begonnen. Fußballerisch hatte das mit edlen Häppchen und Brandy wenig zu tun, trotzdem bin ich meist glücklich und zufrieden nach Hause gegangen. 90 Minuten lang hatten 22 Mann auf dem Rasen alles aus sich herausgeholt, den Platz rauf und runter beackert. Da tastete man sich nicht ab und verschob intelligent auf den Positionen im Mittelfeld. Es war einfach nur wild, hingebungsvoll und hinreißend.

Fußball muss emotional sein, und alles, was diese Emotionen unterdrückt, bereitet mir Leiden. Ich möchte keine Siege sehen, die mich nicht berühren. Bei der Weltmeisterschaft 2002 habe ich zumeist mehr wegen als mit der deutschen Mannschaft gelitten. Ich weiß, dass am Ende nur das Ergebnis zählt, und spreche sie nicht schuldig dafür, das Finale erreicht zu haben. Aber erst im Endspiel habe ich mich mit ihr versöhnt. Ich habe diese Niederlage genossen wie kein anderes Spiel der deutschen Mannschaft während der WM, weil ihr Auftreten mich bewegt hat. Und wie ich seitdem oft gehört habe, ging es vielen nicht anders. Endlich konnte ich mit einem Team trauern, das die Niederlage gegen Brasilien nicht verdient hatte.

Um solche Emotionen geht es, denn wozu sonst brauche ich Fußball? Daher sind mir Trainer und Verantwortliche ein Gräuel, die jedes Spektakel unterbinden und verhindern, dass etwas mein Herz erreicht. Niederlagen, die einen kalt lassen, sind schlimm. Siege, die einen kalt lassen, sind noch schlimmer. Daher leide ich unter italienischem Fußball. Ich mag Italien, und ich mag besonders, wie sie dort mit dem Fußball leben. Vorher ist es ein großes Spektakel, doch bei den Spielen selbst platzt ein Ballon voll riesiger Erwartungen. Oder er platzt nicht einmal mit großem Knall, sondern die Luft entweicht still und leise. In Italien muss ich das Spiel nicht sehen, denn es wird sowieso 1:0 oder 1:1 ausgehen. Ergebnisorientierter Fußball ist für mich zynisch, ich will ihn nicht.

Schöner Fußball braucht Balance, und ich halte es für keinen Zufall, dass dieser Begriff im Laufe der letzten Jahre immer häufiger zu hören ist. In der Balance ist das Spiel, wenn es zwischen den unterschiedlichen Polen seinen Ort findet. Zwischen Kampf und Spiel, Arbeit und Kunst, Defensive und Offensive, Schwere und Leichtigkeit, Unbekümmertheit und Routine. Selbst der ungestüme Drang, wie ich ihn im England der achtziger Jahre erlebt hatte, wird auf Dauer schal, wenn Raffinesse und Spielintelligenz fehlen. Ich habe andererseits Spiele in der Türkei oder in Griechenland gesehen, wo Ballkünstler im Mittelfeld ihren Gegner umdribbelten, den Ball noch zweimal jonglierten, ihn dann in die Gegend droschen und dafür stehende Ovationen ernteten. Auch diese Tricks sind nur ein Teil des Fußballs, und isoliert werden sie zu einer Zirkusnummer. Von der taktischen Versiertheit italienischer Mannschaften kann man viel lernen, aber wenn sie die Spielkunst großartiger Virtuosen knebelt, fehlt eben Balance. Selbst die berühmten deutschen Tugenden, also Kampf und Einsatz, Disziplin und mannschaftliche Geschlossenheit, sind allein kein Erfolgsmodell mehr. Das haben wir in den letzten Jahren immer wieder erleben müssen, weil nun viele Gegner bis in die Nachspielzeit ausreichend Kraft und Energie haben, aber über eine viel bessere spielerische Qualität verfügen.

Auf der Suche nach Balance darf man zugleich die Traditionen nicht vergessen. Man sollte in ihnen zwar nicht verhaftet bleiben, sie aber auch nicht einfach kappen. Der 1. FC Kaiserslautern etwa wird auf die eine oder andere Art einen kämpferischen Fußball spielen, weil es das Publikum auf dem Betzenberg so will. Wenn man radikal einen anderen Weg einschlägt, kann passieren, was bei der Weltmeisterschaft 1990 die brasilianische Mannschaft so bitter untergehen ließ. Vorher waren sie jahrelang an zu viel Zauber gescheitert, doch damals ist in Brasilien Staatstrauer ausgerufen worden. Nicht als sie ausgeschieden waren, sondern vorher schon, weil sie dachten: Um Gottes willen, diese Defensivkünstler, das sind doch nicht wir.

Von schönem Fußball, einem auf der Suche nach Emotion und Balance, nehme ich jeden Zipfel, den ich bekommen kann. In seiner vollendeten Form wird er, darüber muss man sich im Klaren sein, in aller Regel von den Mannschaften gespielt, die das meiste Talent versammeln. Dazu jedoch bedarf es eines üppigen Etats, über den inzwischen nur noch die Klubs verfügen, die wir regelmäßig in der Champions League sehen. Dort kann ich auf Vollendung hoffen, aber meinen Spaß auch am Montag bei einem aufregenden Zweitligaspiel haben. Denn es gilt, was Berti Vogts schon vor vielen Jahren, bald nach unserer Versöhnung, gesagt hat: »Der liebt den Fußball.« Und das stimmt.

22 Dreizehn Stationen zum Glück – unvergessliche Spiele

Schöner Fußball nimmt unterschiedliche Formen an, es gibt verschiedene Stationen auf dem Weg zum Glück. Hier sind dreizehn von ihnen, die sich an ganz unterschiedliche Begriffe knüpfen. Und eine, die ganz und gar unfroh macht.

Träume

1. FC Kaiserslautern – Schalke 04 2:2, 1963

Die Pfalz war in höchste Aufregung versetzt, weil die große Welt zu Besuch kam. Sie hieß in diesem Fall Schalke, vor allem aber war am zweiten Spieltag der ersten Bundesligasaison eine neue Spielklasse zu begrüßen, in der nun alle zwei Wochen die renommierten Klubs des deutschen Fußballs als Gegner zum Betzenberg anreisten. Am

Tag, als in Kaiserslautern die Bundesliga begann, gab es noch die schöne Sitte des Vorspiels. Der Nachwuchs des Vereins durfte einem großen Publikum zeigen, was er konnte. Allerdings nicht die älteren Jugendmannschaften, weil man bei ihnen befürchtete, sie würden den Platz kaputtmachen. Also fiel die Wahl auf unsere C-Jugend, und als wir einliefen, schauten selbstverständlich alle auf mich – so glaubte ich zumindest. Dementsprechend aufgeregt war ich, denn für mich bestand kein Zweifel daran, an diesem Tag den Grundstein für eine große Karriere legen zu können. Wahrscheinlich hielt sich dieser Glauben noch einige Zeit, denn mir gelang ein Tor, obwohl ich als Abwehrspieler selten mit nach vorn kam. Ich dachte: Das haben jetzt alle gesehen, und alles geht wie von selbst.

Unvorhersehbarkeit
Borussia Dortmund – Juventus Turin 3:1, 1997
Das Schöne am Fußball ist, dass man nicht weiß, wie es ausgeht. Man weiß nicht, wie es ausgeht? Es gab wohl kaum jemanden im Münchner Olympiastadion, der ernsthaft geglaubt hätte, dass Juventus Turin das Finale der Champions League würde verlieren können. Eine große Mannschaft von Juventus war das, mit Zidane und Del Piero, und noch heute bin ich sicher, dass sie dieses Spiel an neun von zehn Tagen gewinnen würde – aber damals war der zehnte. Da kam der junge Ricken auf den Platz und lief wenige Momente später aufs Tor der Italiener zu. Ich rief an meinem Reporterplatz »Jetzt, lupf!« – und er lupfte den Ball über Peruzzi hinweg ins Tor. Das war großartig und einer der Momente, auf die wir immer hoffen, wenn wir zum Fußball gehen. Als das Stadion weit nach Abpfiff längst leer war, sah ich Ottmar Hitzfeld auf

der Tartanbahn stehen. Ich ging zu ihm hinunter, wollte ihm gratulieren, und da gab es eine kurze spontane Umarmung, die dem Abend angemessen war.

Perfektion

Brasilien – Italien 3:2 n. E., 1994

Dieses WM-Finale können Trainer noch immer als Lehrfilm herausholen und ihren Spielern zeigen. Allerdings ist mir an diesem Nachmittag in Pasadena der Verdacht zur Sicherheit geworden, dass es Trainerspiele gibt und Zuschauerspiele. Dies war eines für Trainer: perfekter Fußball von beiden Seiten. Wobei Perfektion bedeutet, dass es keine Fehler gab und folglich keine Tore, denn ihnen müssen in der Regel irgendwelche Fehler vorausgehen. Es war während der 120 Minuten ein 0:0 der besten Art, also keines der Angst oder Verweigerung. Ich hatte zwischendurch am Mikrophon allerdings die Sorge, dass es den Zuschauern keinen Spaß machen würde, und habe ihnen die Klasse des Spiels zu erklären versucht. Ob ich sie überzeugt habe? Ich bin mir nicht sicher, denn Zuschauer und Trainer haben eben unterschiedliche Wünsche und unterschiedlichen Spaß.

Passion

Glasgow Rangers – Celtic Glasgow 4:4, 1986

Ich war in Schottland unterwegs, um einen Film über den dortigen Fußball zu machen, weil die Schotten Deutschlands Gruppengegner bei der WM in Mexiko sein würden. Also ging ich zum wichtigsten Spiel, das es in Schottland gibt, zu *The Old Firm*, dem Derby in Glasgow. Es war Anfang März, Schneeregen fegte durchs Stadion, und der Rasen war bodenlos tief. Die Trainer schienen ihren Spielern gesagt zu haben: »Ihr wisst, wie kalt es ist und dass die Zuschauer viel Geld für dieses Spiel gezahlt haben. Vergesst nicht, dass sie am Montag wieder in die Fabrik müssen, während ihr weiter Fußball spielen könnt. Also lasst die Leute nicht hängen.« So stand nicht ein Spieler auf dem Platz, der die Leute hätte hängen lassen. Es war ein archetypisch britisches Spiel, mit Kampf und Hingabe von der ersten bis zur letzten Minute. Es war kein Trainerspiel, sondern eines für die Zuschauer, und so könnte es von mir aus immer sein. Als ich aus dem Stadion ging, fand ich einen grün-weißen Schal mit Ansteckern und Aufnähern im Matsch, den ein Fan von Celtic verloren hatte. Ich habe ihn mit nach Hause genommen, gereinigt und halte ihn als Reliquie in Ehren.

Nachwuchs

Spielvereinigung Sonnenberg – unbekannter Gegner, ca. 1985

Auch wenn ich mich weder an den Gegner noch an das Ergebnis erinnern kann, war es eines der größten Spiele, die ich je gesehen habe, denn zum ersten Mal sah ich meinen Sohn in einer Fußballmannschaft. Sie spielten mit sechs gegen sechs auf dem Kleinfeld, und Jan war damals noch Torwart. Wenn ihm der Ball ins Tor flog, hat er ihn mit stoischer Ruhe genommen und zum Anstoß gekickt. Also lobte ich als Prämie für eine gelungene Parade ein Eis aus, denn es gebrach diesem Achtjährigen am heiligen Ernst. Wie ein Bienenschwarm stürzten sie alle zugleich auf den Ball und scherten sich nicht um Sieg oder Niederlage. Ich war stolz und aufgeregt, die Welt schien stillzustehen, während ich meinem Sohn zuschaute. Alle Eltern behaupten, dass es so mühsam sei, die Kinder zum Training oder zu den Spielen bringen zu müssen. Das mag sein, aber ich tat es immer mit laut klopfendem Herzen.

Angriffslust

AC Mailand – Steaua Bukarest 4:0, 1989

Zur Vorgeschichte dieses Europapokalfinales der Landesmeister gehört, dass Ruud Gullit sich wenige Wochen vorher schwer am Knie verletzt hatte. Offensichtlich jedoch hatte die Medizin damals einen großen Sprung nach vorn gemacht, und Gullit war nicht nur dabei, er spielte auch groß auf und erzielte zwei Tore für Milan. Der 4:0-Sieg war der Höhepunkt in der Karriere des großen Trainers Arrigo Sacchi und von Milans holländischer Phase mit Rijkaard, Gullit und van Basten. Ein Triumph des Angriffsfußballs und ein großes Spiel – so dachte ich jedenfalls. Inzwischen bin ich der Ansicht, dass zu einem großen Spiel zwei große Mannschaften gehören. Hier spielte jedoch nur eine Mannschaft perfekt, über Steaua Bukarest konnte man das nicht sagen, obwohl sie zwei Jahre zuvor den Titel gewonnen hatten. Schließlich hat mich vor einiger Zeit ein Großer des Weltfußballs gefragt, ob ich mich an die Tore noch erinnern könne – und wie elegant die rumänischen Verteidiger aus dem Weg gegangen waren. Sie hätten damals Geld gebraucht. Ich will das eigentlich nicht glauben, aber es hat mir endgültig ein großes Spiel geraubt.

Aufregung

Deutschland – Italien 3:4 n. V., 1970

Unsere Clique, die Karten spielte, um die Häuser zog und nebenbei studierte, traf sich an diesem Tag in meiner

Mainzer Studentenbude. Da wir uns im weitesten Sinne als Bohemiens verstanden, tranken wir Tee zum Spiel. Dazu rauchte ich, dem Lebensgefühl entsprechend, viele Zigaretten der französischen Marke Gauloises, schwarz und ohne Filter. Das Spiel ging in die Verlängerung, also tranken wir sehr viel Tee, und ich rauchte sehr viele Zigaretten. Zudem war es ein aufwühlendes Halbfinale der Fußball-Weltmeisterschaft, vielleicht das spannendste Spiel aller Zeiten, das eine Deutsche Nationalmannschaft gespielt hat. Es gab wechselnde Führungen, einen Ausgleich in letzter Minute und schließlich doch eine Niederlage. Fußball, Tee und Nikotin bestürmten meinen Körper, und mit Abpfiff konnte ich nicht mehr. Ich stand auf, stürzte zur Toilette und musste mich übergeben. Spätestens seitdem ist mir klar, wie sehr mich ein Fußballspiel erregen kann.

Gesamtkunstwerk

Argentinien – Kamerun 0:1, 1990

Das Eröffnungsspiel soll hier, so sensationell der Titelverteidiger auch unterlag, nur für das Gesamte stehen. Es gab bei der Weltmeisterschaft in Italien sowieso nicht das phantastische Spiel, das alle Zeiten überleben wird. Auch wenn die deutsche Mannschaft gegen Jugoslawien oder Holland große Leistungen zeigte, es war keine für die Ewigkeit dabei. Doch das Turnier wurde auch ohne Jahrhundertspiele zu dem schon an anderer Stelle beschworenen Gesamtkunstwerk. Das Lied »Football's coming home« mag inhaltlich bei der Europameisterschaft 1996 in England zutreffend gewesen sein, stimmiger jedoch hätte ich den Slogan, dass der Fußball nach Hause kommt, in Italien gefunden. In ihrer kindlichen Art, mit

Fußball umzugehen, haben die Italiener ihre WM richtig gefeiert. Sie war nicht in ein Kulturprogramm eingebettet, sondern Teil der Kultur. Ich würde mir wünschen, dass wir 2006 in Deutschland auch ein wenig von dieser Leichtigkeit hinbekommen.

Siegen wollen
Mönchengladbach – 1. FC Köln 2:1 n. V., 1973
Frankreich – Brasilien 4:3, n. E., 1986
Es sind zwei Spiele, die für eine Idee stehen. Zwei Teams gehen auf den Platz und wollen sich gegenseitig beweisen, dass sie besser sind als der Gegner. Niemand will das Spiel des Gegners verhindern, sondern es geht um den Beweis der spielerischen Überlegenheit. Zeig mir deine Tricks, ich zeig dir meine. Auf diese Weise entstehen Spiele, in denen es auf dem Platz hin- und hergeht, und sind dabei Könner am Werk, werden es Feste des Fußballs. Das Pokalfinale zwischen Gladbach und Köln wurde so das beste Spiel, das zwei deutsche Mannschaften je gegeneinander ausgetragen haben. Selbst für heutige Verhältnisse wirkt es immer noch schnell, weil beide Mannschaften nicht nachließen, sich gegenseitig ihre Klasse zeigen zu wollen. Der Siegtreffer von Günter Netzer, der sich selbst eingewechselt hatte, war nur eine große Schlusspointe eines Spiels, das eigentlich niemand hätte verlieren dürfen. Die Partie zwischen Brasilien und Frankreich folgte der gleichen Logik, nur auf dem Niveau des Viertelfinales einer Weltmeisterschaft. Damals war ich noch WM-Novize und kam bei solch großem Spiel nicht zum Einsatz, also sah ich das Spiel in Mexiko-City im Hotelzimmer. Ich habe gezittert und hatte am Ende Tränen in den Augen – wie übrigens auch mein damals neunjähriger Sohn. Ria

erzählte mir am Telefon, Jan habe herzzerreißend geheult, weil Brasilien im Elfmeterschießen verloren hatte. Ich sagte: »Siehst du, das Kind versteht etwas von Fußball.«

Absturz

Bayern München – Manchester United 2:1, 1999

Es war nicht mehr lange bis zum Abpfiff, Bayern führte mit 1:0, und das Spiel wurde fast kalt in Barcelona, so kühl spulten die Münchner es ab. Für mich standen sie als Gewinner der Champions League fest, und ich bastelte im Kopf bereits an würdigen Abschiedsworten, denn das Finale war das vorerst letzte Spiel von RTL in diesem Wettbewerb, TM3 hatte die Rechte gekauft. Und dann, wie der Engländer sagt: »All hell broke loose«. In den letzten Momenten des Spiels schoss Manchester United noch zwei Tore, und Bayern hatte die Champions League verloren. Das vermochte ich nicht mehr zu analysieren und habe es den Zuschauern auch gesagt. Wie immer es geschehen konnte, sie sollten später nach einer Erklärung dafür suchen. Ich war einfach nur traurig und gestattete es mir. Traurig über eine Niederlage und traurig über einen Abschied.

Groundhopping

Olympique Marseille – SEC Bastia 1:1, ca. 1975

Mit meiner ersten Frau Ria war ich im Sommerurlaub an die Côté d'Azur gefahren, nur gut eine Stunde von Marseille entfernt. Ich überredete sie zu einem Bummel durch die Stadt und lud sie als Überraschung zu einem Besuch ins Stade Vélodrome ein. Es war damals zum Glück noch längst nicht umgebaut, wie viel später zur Fußball-Weltmeisterschaft, sondern hatte die Patina eines alten Fußballtempels. Didier Six, später in Stuttgart, spielte damals bei Marseille, und ein deutscher Profi bei Bastia, dessen Namen ich vergessen habe. Aber das war so unerheblich, wie das Spiel von schauriger Qualität war. Aber das Stade Vélodrome war in mediterranes Licht getaucht, das bald in ein schönes Abendrot überging. Es war warm und traumhaft angenehm, dort zuzuschauen. Als wir später beim Essen saßen, sagte Ria, die sich eigentlich nicht für Fußball interessierte: »Ach, Fußball ist doch eine ganz schöne Sache.« Fortan fiel es mir leichter, sie zu überreden, mit mir ins Stadion zu gehen, gerade im Urlaub. Das Motto ›Berge von unten, Kirchen von außen, Kneipen von innen‹ hatte ich sowieso schon lange um ›Stadien von innen‹ ergänzt. Wenn ich in eine fremde Stadt komme und die Flutlichtmasten eines Fußballstadions sehe, hat das etwas Beruhigendes. Dann habe ich ein Ziel.

Rausch

1. FC Kaiserslautern – Bayern München 7:4, 1973

Es waren beileibe nicht die Zeiten, in denen die Bayern zum Betzenberg kamen, sahen und siegten. Deshalb war es eher eine Sensation, dass die beste Mannschaft Europas, zu der Maier, Beckenbauer, Schwarzenbeck, Hoeneß und Müller gehörten, nach 53 Minuten mit 4:1 führte. Was anschließend geschah, wird oft mit der Floskel »in einen Rausch gespielt« beschrieben. In diesem Fall traf sie zu; Seppl Pirrung und die Seinen spielten sich in einen Rausch, und es gelang ihnen all das, was sonst nie oder nur gelegentlich gelingen mag. Solch ein Spiel hat der Betzenberg nie davor und nie mehr danach erlebt, und die Pfalz lag in keinem anderen Moment dem Zuckerhut so nah. Immer möchte ich Fußball so allerdings nicht haben, denn damit könnte man nicht arbeiten. Was soll man analysieren, wenn höhere Mächte am Werk sind. Dann könnte man die Reporter abschaffen und die Bilder gleich mit Musik unterlegen.

Stil

Real Madrid – AC Mailand, 3:1, 2003

Der Argentinier Redondo war Ende der neunziger Jahre in Madrid zum Weltstar geworden und beim Publikum äußerst beliebt, weil er nicht nur über Technik verfügte und Glanz versprühte, sondern immer fürs Team arbeitete. Als er 2000 zum AC Mailand wechselte, geriet seine Karriere in Gefahr. Redondo riss im ersten Training in Italien das Kreuzband; als er nach einem Jahr wieder gesund schien, riss es erneut. So musste er insgesamt zwei Jahre aussetzen und war danach nur Reservist. Beim Zwischenrundenspiel der Champions League bei seinem alten Klub setzte ihn Trainer Ancelotti endlich von Beginn an ein, weil er viele verletzte Spieler ersetzen musste. Bereits als Redondo das Estadio Santiago Bernabeu zum Warmmachen betrat, wurde er von den Zuschauern mit einem Jubelsturm begrüßt und äußerst freundlich von seinen ehemaligen Mannschaftskameraden. Während des Spiels nahm man auf Sentimentalitäten keine Rücksicht, die ordentliche, aber beileibe nicht denkwürdige Partie wurde nicht zum Wattepusten. Als lange nach Abpfiff die Kameras abgeschaltet waren und ich am Reporterplatz meine Sachen zusammenpackte, sah ich noch einmal Bewegung im Spielertunnel. Raúl, der Kapitän von Real, kam heraus und hatte Redondo im Arm. Gemeinsam gingen sie auf die Fankurve von Real zu. Dreißig Meter vor dem Zaun gab Raúl seinem ehemaligen Mannschaftskameraden einen Schubs, drehte sich und ging zurück. Beim Gang über den Rasen war der Beifall immer größer geworden, doch nun wurde er zu einem Orkan und galt allein Redondo. Er trug das Trikot von Milan und wurde gefeiert, als hätte er gerade in einem Cup-Finale das entscheidende Tor für Real geschossen. Was immer in diesem Beifall für Redondo lag, ob Rührung, weil er so lange hatte leiden müssen, Dankbarkeit für vergangene große Spiele oder Anerkennung und Respekt für einen großen Spieler – es war ein Moment voller Würde. In diesem einzigartigen Augenblick bewies das Publikum in Madrid Klasse und Stil, wie man es selten erlebt.

Das Letzte

Roter Stern Belgrad – Olympique Marseille 5:3 n. E., 1991

Von allem Guten hatte ich mir in Bari etwas versprochen. Die Jugoslawen hatten damals noch alle ihre großen Spieler dabei, ob Savicevic, Mihajlovic, Jugovic oder Prosinecki, und das bedeutete Vorsprung durch Technik. Die Franzosen hatten eine nicht minder gut besetzte, mediterrane Mannschaft, die angeführt wurde von TrainerFranz Beckenbauer. Doch bereits nach zehn Minuten war klar, dass beide Teams auf ein 0:0 und Elfmeterschießen spielten – und so kam es. Solch negativen Fußball und solche Angriffsverweigerung habe ich nie wieder erlebt. Es war die Perversion eines Fußballspiels, und ich erlebte dazu mein persönliches Waterloo. Der Mann auf dem Reporterplatz begann Witzchen zu machen und Geschichtchen zu erzählen, um seine Zuschauer nicht zu verlieren. Heute würde ich allen am Fernseher raten, die Zeit sinnvoller zu nutzen und vielleicht eine halbe Stunde später noch mal reinzuschauen, ob sich überraschenderweise etwas geändert hätte.

Das Gute an diesem schlechtesten wie an all den besten, unvergesslichen Spielen ist jedoch: Das allerbeste kommt erst noch. Vielleicht schon am kommenden Samstag.

23 Öffentliche Scheidung

Fans der Formel 1 werden sich an den 1. Oktober 1995 noch erinnern, weil Michael Schumacher an jenem Tag auf dem Nürburgring einen großen Sieg feierte. Sein Rennen bejubelten die Zeitungen als »majestätische Leistung«, denn er hatte in der verregneten Eifel das Duell mit Jean Alesi gewonnen und Damon Hill auf dem Weg zum zweiten Weltmeistertitel abgehängt. Schumachers Leistung beim Grand Prix von Europa wurde auf die Stufe der großen Kämpfe eines Muhamad Ali gestellt, und das mag alles so gewesen sein. Für mich allerdings war es einer der erbärmlichsten Tage und Auftakt zur schlimmsten Zeit meines Lebens.

Begonnen hatte es schon am Nachmittag zuvor, als meine damalige Freundin und heutige Frau Sandra im Büro von einem Nachbarn angerufen wurde, der ihr erzählte, ein Reporter des Kölner *Express* habe sich in der Nachbarschaft systematisch nach uns beiden erkundigt. Ich hatte Sandra bei RTL kennen gelernt, wo sie ebenfalls in der Sportredaktion arbeitete, wir hatten uns ineinander verliebt, und ich war sechs Wochen vorher bei meiner damaligen Ehefrau Ria aus- und bei Sandra eingezogen. Es war eines der Liebes- und Ehedramen, wie es sie überall gibt, doch unseres nahm nun eine besondere Wendung.

Der Boulevardreporter lauerte Sandra auf, als sie nach Hause kam, und sie lehnte es vehement ab, mit ihm zu sprechen. Trotzdem schrieb er seine Geschichte, und bereits am Samstagabend klingelte Toni Polster, ihr Nachbar, an Sandras Tür. Der damalige Mittelstürmer des 1. FC Köln überreichte ihr grinsend die druckfrische Sonntagsausgabe des *Express*: »Herzlichen Glückwunsch zu deiner ersten Titelseite.«

»Marcel Reif: Liebesnest mit schöner Sandra« stand über dem Artikel. Doch die Sache erst richtig in Schwung brachte das, was Sandra angeblich gesagt hatte. »Marcels Ehe funktionierte schon nicht mehr, als wir uns noch gar nicht kannten«, hieß es, und dieses Gift tat seine Wirkung. Ria und mein Sohn Jan wussten zwar, dass ich eine neue Freundin hatte, aber die Situation änderte sich mit dem Zeitungsartikel schlagartig. Für Ria musste es so aussehen, als ob Sandra dreiste Sieger-Interviews geben würde. Mit der Champagnerflasche auf dem Podest stehend, um im Bild des Tages zu bleiben. Deshalb hat sie Rot gesehen, und das haben die Kölner Boulevardzeitungen prächtig auszunutzen gewusst.

Mittwochs jedenfalls veröffentlichte *Bild* eine große Geschichte, die als Beitrag meiner Frau gezeichnet war. Ria hatte mit einem Reporter gesprochen, und er hatte es unter ihrem Namen aufgeschrieben. »Marcel Reif (45) – Hier spricht die verlassene Ehefrau (55)« stand über dem Artikel, und Ria machte sich dort Luft. Ich hätte sie wie ein altes Möbelstück ausrangiert, war einer ihrer Vorwürfe. Und dass ich dem Glauben anheim gefallen sei, so wie in der Bier-Werbung zu sein, wo ich mit einer schönen Frau geflirtet hatte. Es war ein öffentlicher Aufschrei, und es blieb nicht der letzte.

Hier soll nicht über eine gescheiterte Ehe geredet werden und den damit verbundenen Schmerz, sondern was in einer solchen Situation passieren kann, weil jemand für prominent gehalten wird. Wenn Leute einen langen Artikel schreiben und mich dort wegen meiner Hervorbringungen zur Schnecke machen, ist das misslich, aber völlig in Ordnung. Schließlich tanze ich auf dem Seil und werde gut dafür bezahlt, dass man mir dabei zuschaut. Aber dies war kein Seiltanz, und in diesen Zirkus hatte ich niemanden eingeladen.

Dadurch, dass wir zum Medienthema wurden, gab es einen völlig anderen Verlauf der Tragödie. Wir wurden aus – wie armselig auch immer – handelnden Personen zu behandelten. Und zwar alle: meine Ex-Frau, mein Sohn, meine Lebensgefährtin und ich. Wir wurden zu Objekten gemacht und bekamen neue Rollen zugewiesen. Die Leidenden auf der einen Seite, der Treulose und die Rücksichtslose auf der anderen. Wer Glück hat, kennt sich in diesem Spiel aus und schweigt. Doch wir kannten es nicht, und deshalb konnte die Geschichte dieser gescheiterten Ehe zur aktuellen Sau werden, die eine Zeit lang von den Kölner Boulevardmedien genüsslich durchs Dorf getrieben wurde. Es dauerte zwar objektiv nicht so lange, wie es uns vorkam, aber für dieses Leben hat es völlig gereicht – uns allen.

An dem Sonntag, als der erste Artikel erschien, war ich als Leiter der Sendung schon früh im Büro von RTL am Nürburgring. Besonders humorbegabte Kollegen hatten die Titelseite des *Express* dort schon ausgehängt und sorgten für ein Gefühl, wie es sich in den folgenden Tagen häufig wiederholen sollte: Alle schauen auf mich. Niemand interessiert sich noch für Schumacher und seine Konkurrenten, sondern alle starren mich an, den bösen Ehebrecher.

Das führte zu solch absurden Situationen wie in einem Zeitungsladen, wo ich einige Tage später etwas zu lesen kaufen wollte, nachdem ich Sandra zum Arzt gebracht hatte und draußen im Auto auf sie wartete. Aus irgendwelchen selbstquälerischen Gründen griff ich zu *Express* und *Bild*. Der Laden war voll, deshalb schaute ich schon mal auf die Titelseiten, während ich mich an der Kasse anstellte. »Jan Reif: So haben wir Papa rausgeworfen« war die Schlagzeile des *Express*.

Ich habe sie gelesen und gedacht: Das gibt es nicht! Über wen schreiben die da? Das kann nicht sein. Wer ist noch gleich Jan Reif?

Es war ein Moment völligen Realitätsverlusts, dann kam die Wirklichkeit langsam zurück. In der Zwischenzeit hatten die Leute im Laden gemerkt, wer da stand. Und sie guckten, als hätten alle diese Schlagzeile gelesen. Wahrscheinlich haben sie ganz freundlich geschaut, aber mir kam es vor, als würden sie glühende Kohlen werfen und mich mit Lanzen durchbohren. Dann kam Panik auf und der tiefe Wunsch, die Erde möge sich auftun und mich nie mehr ausspucken.

Also überlegte ich: Wenn ich die Zeitung jetzt einfach wieder an die Seite lege oder sie fallen lasse, ist es kein Diebstahl und keine Sachbeschädigung. Wenn ich dann losrenne, wohin soll es gehen? Soll ich mich ins Auto werfen und mit quietschenden Reifen flüchten? Was soll ich Sandra sagen, die noch beim Arzt ist? Es war ein unvergesslicher Moment, der sein Ende fand, als ich brav die Zeitungen bezahlte, mich in mein Auto trollte, um dort wieder zu atmen.

Solche Situationen wiederholten sich zunächst ständig. Als wir ins Kino gingen, warteten etwa 50 Leute an der Kasse, und mir kam es vor, als würden wir auf einem

Podest stehen, von allen angestarrt und mit Häme überschüttet. Selbstverständlich hatte ich nur phantasiert, aber es genügte schon ein Seitenblick, und der Wunsch war übermächtig: Wir gehen jetzt, sofort!

Nach den ersten Tagen der aus totaler Fassungslosigkeit entstandenen Verwirrung beruhigt man sich ein wenig. Außerdem wird einem klar: Wenn ich mir diese Paranoia gestatte, werden wir nichts mehr unternehmen, nie mehr normal leben. Wie dienlich es einer neuen Beziehung ist, sich in der Wohnung zu verbarrikadieren, ist leicht auszumalen. Also habe ich mir gesagt: Wir gehen jetzt trotzdem ins Kino. Aber den Titel des Films und die Handlung hatte ich noch am gleichen Abend vergessen, denn ich hatte meinen eigenen Streifen.

Nachdem wir eine Woche lang durch die Mangel gedreht worden waren, besuchte ich am Wochenende als Zuschauer das Länderspiel gegen Moldawien in Leverkusen. Auch dort im Stadion hatte ich wieder das Gefühl, dass jeder nur diese Artikel im Kopf hatte. Während das Spiel lief, war noch alles gut. In der Halbzeitpause aber mochte ich nicht in den VIP-Raum gehen und mit irgendwelchen Leuten reden, sondern blieb allein draußen auf der Tribüne sitzen.

Auf einmal sah ich aus dem Augenwinkel, wie Rudi Völler über mehrere Bänke stieg und auf mich zukam. Ich war ziemlich überrascht und noch mehr, dass er wirklich zu mir wollte, mich fast in den Arm nahm und sagte: »Da musst du durch. Ich habe das selbst schon erlebt und weiß, wie beschissen das ist.« Das fand ich bemerkenswert, weil es nicht sein musste. Ein freundlicher Zuruf oder ein Winken hätten gereicht, schließlich sind wir nicht befreundet. Ich hatte ihn mal in Rom kennen gelernt, als er noch Spieler war und ich mit ihm ein Interview gemacht hatte. Danach hatte man sich gelegentlich getroffen, aber es war keine tiefe, persönliche Verbindung.

Seit jenem Moment auf der Tribüne habe ich mir geschworen, ihm meine private Wertschätzung nie zu entziehen, egal was uns beruflich trennen mag. Das gilt auch für Ottmar Hitzfeld. Er spielte mit Borussia Dortmund zehn Tage später in Bukarest, wo wir Journalisten ausnahmsweise im selben Hotel wohnten. Wir waren am Tag des Spiels um Viertel vor zwei zum Gespräch verabredet. Als er kam, wollte ich mich gerade hinsetzen, da sagte Hitzfeld: »Furchtbar!«

Ich fragte: »Bitte?«

»Was mit dir im Moment und deiner privaten Situation in diesen Zeitungen nun passiert. Schrecklich, so was.«

Das hat die Situation nicht verändert oder gelöst, aber ich habe es mehr als dankbar angenommen. Nun waren nicht alle anderen schlechter, weil sie sich nicht mit meinem privaten Müll beschäftigt haben. Aber die zwei haben es gemacht, und dafür bin ich ihnen sehr dankbar.

Am Tag nach dem Länderspiel in Leverkusen erschien ein Interview mit mir in *Bild am Sonntag*. RTL hatte mich dazu aufgefordert gegenzuhalten. Ich könne doch nicht nur als Angeklagter rumlaufen. Wobei ich glaube, dass bei diesem Ratschlag übergeordnete Überlegungen eine Rolle spielten, nämlich eines der Pferdchen aus dem eigenen Stall aus der Schusslinie zu kriegen. Ich hoffe zumindest, dass es das war und es nicht einfach darum ging, das Pferdchen öffentlich auf Trab zu halten.

So habe ich mich zu dem Interview drängen lassen, obwohl es gegen mein Grundgefühl war. Denn ich war eigentlich entschlossen, nicht über private Dinge zu reden, weil sie niemanden etwas angehen. Nun stand über dem

Text: »Zum ersten Mal spricht der Star-Moderator über seine zerbrochene Ehe«, und ich hatte mit dem Interview meine eigene Regel gebrochen und bedaure es bis heute. Es war Ausdruck genau jener Hilflosigkeit, die damals das bestimmende Gefühl war. Hätten wir nicht schon die Zeitung verklagen sollen, die Sandras angebliche Zitate erfunden hatte? Hätten wir damit nicht noch mehr Material für neue Artikel geliefert? Wir steckten plötzlich alle in der Klemme und konnten nur noch warten, dass es vorbeigehen würde.

Nachdem sich die öffentliche Diskussion etwas beruhigt, es aber einige Wochen lang keinen Kontakt zu meinem Sohn gegeben hatte, mit dem ich vor der Trennung von Ria eine ausgesprochen enge Beziehung hatte, entwickelte sich durch einen fast übermenschlichen Kraftakt seinerseits der Versuch einer Annäherung. Mir erschien das wie ein zartes, hoffnungsvolles Pflänzchen im Januar. Doch dieses zarte Grün erblühte im November, als sich mein Geburtstag näherte. Also verabredeten mein Sohn und ich ein Abendessen für diesen Tag. Jan stand eindeutig auf Seiten seiner Mutter, was nachzuvollziehen war. Es ging mir nicht darum, ihn ins andere Lager zu bugsieren, sondern wenigstens den Gesprächsfaden wieder aufzunehmen.

Nur gab es am Samstag zuvor ein Fußballspiel in Köln, das ich mit Sandra besuchte. Das war vielleicht schon an sich ein Fehler, aber dann passierte mir die nächste Blödheit. Vielleicht war es auch eine Art von Todessehnsucht. Es war nämlich so kalt, dass ich vorschlug, nach dem Spiel noch schnell in den Presseraum zu gehen und eine Tasse Kaffee zu trinken. Wir setzen uns eher unauffällig in die letzte Reihe, als ich sah, wie uns ein Fotograf aus sicherer Entfernung mit Teleobjektiv ins Bild setzte. Da ich ihn kannte, habe ich ihm per Handbewegung bedeutet, er möge das doch bitte lassen.

Warum? Weil ich wusste, wenn dieses Foto mit Sandra veröffentlicht und mein Sohn oder seine Mutter es sehen würden, wäre das zarte Grün fürs Erste wieder niedergetrampelt. Darauf zuckte der Fotograf kurz und wandte sich ab. Wenig später sah ich, wie er aus einer anderen Ecke die Kamera wieder in Anschlag brachte. Darauf bin ich zu ihm hingegangen und sagte: »Lass das doch bitte, du weißt ja, wie die Situation ist.«

»Ich weiß, aber da kann ich dir nicht helfen. Das Foto muss ich jetzt machen, der Sportchef verlangt das. Dagegen kannst du nichts machen«, antwortete er.

Da habe ich ganz leise gesagt: »Ich kann dir sagen, was ich machen kann. Ich kann dir die Kamera abnehmen und sie dir über den Schädel ziehen.« Ich war blind vor Wut. Sandra merkte, was los war, kam herüber und sagte: »Hör auf, bitte! Hier sind 50 Leute im Raum.«

Also erschien das Foto, und am nächsten Morgen um zwanzig Minuten nach neun klingelte das Telefon. Mein Sohn sagte: »Das mit dem Essen müssen wir vergessen. Mama hat das Foto nicht so gut gefallen, und mir auch nicht.« Alle Menschen auf der Welt haben mal einen schöneren, mal einen etwas weniger schönen Geburtstag. Dieser fiel sicherlich in die zweite Kategorie.

Was auf dem Boulevard nicht stattfindet, sind Mitgefühl oder Gnade. Außer in kalkulierter Form. Niemand scheint sich zu sagen: Man lässt doch einen 18-Jährigen in Ruhe, der vor Schmerz schreit. Eine verlassene Ehefrau, die zutiefst verletzt und verzweifelt ist. Doch diese Gnadenlosigkeit fand nicht nur in den so genannten Groschenblättern statt, auch Herr Biolek hat meine Frau in seine »Boulevard«-Sendung eingeladen. Von einem wie

Alfred Biolek mag man anderes erwarten, aber auch am Ende seiner Sendung blieb nicht mehr als das schlichte Resümee: Der berühmte Fußballkommentator Marcel Reif ist menschlich ein Schwein. Es war nur hübscher formuliert.

Damals habe ich Boulevard-Journalismus für mich aufgegeben und die Hoffnung, dass da etwas anders sein könnte. Obwohl ich sicher bin, dass es möglich sein müsste. An sich hat Boulevard für mich nämlich nichts Verachtenswertes oder Minderwertiges, sondern müsste im Gegenteil eine der höchsten Kunstformen im Journalismus sein. Komplizierte Sachverhalte auf den Punkt zusammenzufassen, gehört dazu. Sicherlich auch Witz und im besten Fall eine gewisse Schnoddrigkeit gegenüber Autoritäten. Mit alldem hätte ich mich gut arrangieren können, aber nicht mit dem, was ich damals erlebt habe.

Es hat mir eine gewisse Härte antrainiert, inzwischen führe ich keine Gespräche mit *Express* oder *Bild* mehr und werde es auch weiterhin nicht tun. Mitunter kommt bei irgendeinem Spiel wieder ein Reporter auf mich zu und sagt: »Kann ich Sie was fragen?«

»Von wem kommen Sie denn?«, frage ich zurück.

»Von der Bildzeitung.«

»Ganz einfach: Sie können nicht.«

Aber das Thema ist relativ abgekühlt. Ich habe keinen persönlichen Groll, sieht man vom damaligen Sportchef des Kölner *Express* ab, weil er das Foto verlangt hat, das die Brücke zwischen mir und meinem Sohn erst einmal wieder zum Einsturz gebracht hat. Es gibt ein paar andere Publikationen, Fernsehzeitschriften etwa, die damals die Geschichten, ohne nachzufragen, übernommen hatten. Ich habe zwar keine Schwarze Liste geführt, aber wenn heute eine Interviewanfrage kommt, bitte ich die

Kollegen von der Pressestelle bei *Premiere*, mal kurz nachzugucken, was sie damals geschrieben haben. Und wenn etwas Inkriminierendes drin ist, möchte ich eben kein Interview führen. Ich würde vor mir scheitern, wenn ich es täte.

Dieser Starrsinn verurteilt mich allerdings dazu, so gut es geht, fehlerlos durch mein berufliches Leben schreiten zu müssen. Weil ich davon ausgehe, dass die Menschen in den Redaktionen genauso nachtragend sind, selbst wenn sie die Abfolge von Ursache und Wirkung vernachlässigen. Also wird es wohl heißen: Wenn wir dich mit einem Fehler erwischen, dann gibt's aber richtig!

Wäre das inzwischen gute Verhältnis zu meinem Sohn und meiner ehemaligen Frau schneller wiederhergestellt worden, wenn die Trennung nicht öffentlich begleitet worden wäre? Ich glaube schon, aber zu beweisen ist es nicht. So dauerte es zwei Jahre, und das war schlimm genug, doch inzwischen ist alles in Ordnung. Mein Sohn ist oft Gast bei uns im Hause und hat zu Sandra und seinen beiden Halbbrüdern ein wunderbares Verhältnis. Wenn ich in Köln bin, besuche ich meine Ex-Frau, und wir reden nicht nur über Jan. Das konterkariert aber nur scheinbar, dass durch die Veröffentlichung eine völlig andere Qualität in die Sache gekommen ist. Es ändert nichts daran: Ohne die gnadenlose Ausschlachtung einer für die Welt so kleinen und für die Beteiligten so immensen privaten Tragödie wäre vieles ganz anders und weniger schmerzhaft gelaufen.

24 Nie mehr Sportchef

Während meine Ehe zerbrach, entwickelte sich die Arbeit bei RTL gut, denn die Champions League funktionierte mit Jauch, Beckenbauer und mir prima. Die Redaktion wurde von Sportchef Burkhard Weber gut in der Balance gehalten, trotzdem zog er sich mit der Zeit den Groll von Hans Mahr zu. Der RTL-Informationsdirektor mag gute Ideen, auch wenn sie nicht von ihm stammen. Er mag aber nicht, wenn sie umgesetzt werden, ohne ihn vorher minutiös ins Bild zu setzen. Weber wurde ihm offensichtlich zu selbständig, verärgerte wohl auch Geschäftsführer Helmut Thoma, und Werner Schneyder fühlte sich als Box-Kommentator nicht genug gewürdigt. Das mögen Lappalien gewesen sein, aber sie hatten Folgen. Die mächtigen Männer wollten Weber ersetzen. Das wurde mir klar, als ich von Mahr gebeten wurde, mit ihm essen zu gehen, und er mich zu bearbeiten begann. Was ich denn weiter zu machen gedenke, wollte er wissen, ob ich wirklich nur noch mein Denkmal polieren wolle. Ob ich nicht Sportchef werden wolle. Ich könne ihn doch nicht hängen lassen.

Er spielte die Klaviatur der Verführungen rauf und runter, aber ich wollte nicht. Ich habe mich gesträubt, mit Händen und Füßen dagegen gewehrt. Doch er hörte nicht auf zu bohren und hat mir den Job in den schillerndsten Farben ausgemalt. Ich hätte ein Budget von mehr als 200 Millionen Mark im Jahr zu verantworten und eine Redaktion von knapp 30 Mann zu leiten. Mitte der neunziger Jahre verfügte RTL über wichtige Sportrechte: das Boxen mit Henry Maske in seiner besten Zeit, die Formel 1 mit Michael Schumacher und die Champions League. Fast drei Monate lang hat Mahr massiv gebuhlt, bis er mich überredet hatte. Vielleicht wollte ich es mir einfach beweisen. Vielleicht spielten die guten Erfahrungen eine Rolle, die ich bei den Olympischen Spielen in Barcelona gemacht hatte. Vielleicht hatte es auch mit meinen privaten Wirrungen in dieser Zeit zu tun. Am 1. Februar 1996 jedenfalls trat ich den Job an.

Ich stürzte mich gleich mit aller Kraft in die neue Aufgabe. Ich versuchte die Qualität der Redaktion zu verbessern, habe damals Florian König zum Moderator gemacht, Sebastian Hellmann und Tom Bartels geholt. Grundsätzlich das Konzept korrigieren wollte ich nicht. Die Grundidee fand ich nach wie vor richtig, aus einer Sportübertragung ein Event zu machen. Allerdings hatte ich zuweilen das Gefühl, dass es kurz vor dem Umkippen in ein Übermaß an Show stand. Also ging es darum, Auswüchse einzudämmen.

Beim Fernsehen besteht die Gefahr, dass wir uns von zu viel Spielzeug blenden lassen. Kinder drehen sich bei zu viel Spielzeug um und spielen lieber mit ihrer alten Holzeisenbahn. Bei Erwachsenen führt mehr davon dazu, dass man mehr spielt. In unserer Branche gibt es zudem einen Hang zum Gigantismus, der sich in noch mehr Technik und noch mehr Kameras äußerte, sodass der Hang zum Inszenieren statt zum Übertragen größer wurde.

Ich wollte die Distanz zwischen dem Ereignis und dem Zuschauer vor dem Fernseher so gering wie möglich halten, also ein Erlebnis liefern, das dem im Stadion besonders nahe kommt. Doch dazu gehört auch Verzicht. Etwa auf Kameras, die über Schienen fahren, denn ich habe im Stadion noch nie eine Horde von Zuschauern mit dem Rechtsaußen die Linie entlangrennen sehen. Auch eine Kamera, die an Gummibändern hinterm Tor in die Luft gewirbelt wird, ist Schnickschnack. Und die Kamera im Tornetz mag von mir aus als fünfte Alternative helfen, um zu klären, ob der Ball wirklich die Linie überquert hat.

Es ist nicht unsere Aufgabe, ein Fußballspiel im Fernsehen zu inszenieren, das führt nur auf die falsche Fährte. So kann ich eine strittige Szene in Normalgeschwindigkeit oft sehr viel deutlicher erkennen als in der Super-Zeitlupe. Diese mag bei einem schönen Kopfballtor helfen, denn niemand wird sich über ein schönes Bild beschweren. Wenn ich aber permanent Zwischenschnitte von irgendwelchen Absurditäten am Spielfeldrand oder auf der Tribüne bekomme, die vom Spiel ablenken, werde ich schnell puristisch. Allerdings muss man bei diesem Purismus eine Balance halten, denn unser Versuch, Fußballspiele in einer totaleren Einstellung zu zeigen, wurde vom Publikum abgelehnt.

Zur Vorsicht habe ich auch bei der Personalisierung von Übertragungen geraten. Es spielt nicht Calmund gegen Hoeneß, sondern Leverkusen gegen den FC Bayern. Real Madrid besteht nicht allein aus Zinedine Zidane, ebenso wenig wie der VfL Wolfsburg vor einiger Zeit allein mit Stefan Effenberg gegen den Rest der Welt antrat. Ein Fußballspiel ist nicht die Aneinanderreihung von Geniestreichen Einzelner, so schön sie auch sein mögen, Fußball bleibt ein Mannschaftssport. Die Emotionalisierung des Spiels sollte deshalb auf einem gewissen journalistischen Grundniveau stattfinden – und im Geiste des Respekts vor dem Spiel.

Außerdem war ich bemüht, sprachlich das Niveau zu heben. Wer diese Event-Philosophie verinnerlicht hat, erliegt offensichtlich schneller der Versuchung von sprachlichem Brimborium. »Der Ball geht um Gyrosstärke am Tor vorbei«, sagte einer unserer Reporter, weil gerade Panathinaikos Athen spielte, und das auch noch gegen

Juventus Turin, weshalb die italienischen Fans »in Pizzeria-Stärke angetreten« waren. In solchen Momenten helfen nur noch strenge Worte.

Manchmal habe ich mich auch gefragt, wem das Interview direkt nach Abpfiff eigentlich gefehlt hätte. In der Redaktion gefordert habe ich dann zumindest, auf Nicht-Fragen zu verzichten. »Sie haben heute ein tolles Spiel gemacht« ist so eine Frage ohne Fragezeichen. Da steht der arme Kicker vor der Kamera, ist vom Spiel erschöpft und wird – wenigstens das – gelobt. Oder auch nicht. »Sie hatten heute nicht Ihren besten Tag« heißt es mitunter. Statt ›nein‹ zu sagen, sich umzudrehen und nach Hause zu gehen, gibt sich der arme Mann zuweilen noch Mühe und antwortet brav.

Angesichts solcher Szenen bin ich zum Folterknecht geworden, wie überhaupt meine Art als Chef nicht immer unproblematisch gewesen sein mag. Ich bin relativ ungeduldig und nicht so tolerant, wie es eine solche Position wohl gebietet. Außerdem machte es die Dinge nicht einfacher, dass mit Sandra meine Lebensgefährtin in der Redaktion arbeitete. Ich glaube, dass ich damit nicht sensibel genug umgegangen bin. So wollte ich, dass bei der Champions League eine Frau Interviews macht, nur war Sandra die einzige Frau. Heute würde ich sie erst recht nicht einsetzen, selbst wenn die Idee auch noch so richtig sein mag. Denn damit habe ich jeder haltlosen und bösartigen Argumentation Tür und Tor geöffnet.

Fassungslos gemacht hat mich allerdings, wie schwer sich die Redaktion mit Eigenverantwortlichkeit tat. Meine Idee war es, drei Projektleiter und drei Assistenten für Formel 1, Boxen und Fußball einzusetzen. Die übrigen Redakteure sollten einen Pool bilden und je nach Bedarf oder Interesse da und dort zugeordnet werden. Ich wollte keine großen Sitzungen mehr, davon hatte ich beim ZDF mein Pensum für ein Leben schon übererfüllt. Sie sollten also untereinander klären, wer diesmal mit zum Rennen fährt und dafür beim nächsten Mal zu Hause bleibt. Nur funktionierte das nicht. Am Ende stand der totale Bankrott junger Erwachsener, denen ich Verantwortung geben wollte und die sie ablehnten.

Während sich zeigte, dass die Redaktion ohne klare Führung und Anweisung nicht zurechtkam, erlebte ich bei Hans Mahr gleichzeitig zu viel davon. Ihm war es schon suspekt, als ich dafür sorgte, dass wir in einen Neubau umzogen, der 150 Meter von seiner Chefredaktion entfernt war. Er hatte sofort das Gefühl, wir wollten unser eigenes Süppchen kochen. Mahr aber wollte alles im Griff haben, jedes Detail kontrollieren, und das war schon bald nicht mehr auszuhalten. Er war das Äquivalent zu einem Vereinspräsidenten, der dem Trainer das Trainingsprogramm, die Aufstellung und die Taktik diktiert.

Mahr hatte eine notorische Lust am Korrigieren und am Widerspruch. Er klagte, dass uns beim Ablauf eines Fußballspiels nichts Neues einfiel, und gab sich nicht damit zufrieden, dass es um ein Fußballspiel nichts Neues mehr zu erfinden gibt. Ständig klingelte das Handy, und er fragte, wo ich eigentlich sei. »Sind Sie eigentlich irgendwann mal im Büro?« Und selbst, wenn ich einen Termin hatte, dachte ich plötzlich: »Ja, wieso bin ich nicht im Büro?« So hatte ich schon nach zwei Monaten das Gefühl, dass es mit mir als Sportchef nicht gut gehen würde.

Die Situation spitzte sich aber zu, als Henry Maske Ende November 1996 seinen letzten Kampf bestritt. Wie schon bei den vorangegangenen Boxabenden arbeiteten wir erneut mit den großen Plattenfirmen zusammen, um einen Song fürs Rahmenprogramm zu finden. Mit den

Rolling Stones hätte es fast geklappt, denn der Termin war für fast jeden Showstar auf der Welt attraktiv. Schließlich schauten damals beim RTL-Boxen fast 20 Millionen Zuschauer zu, das konnte nur ein WM-Endspiel im Fußball übertreffen. Irgendwann, die Zeit drängte schon, wurde uns als Demoband ohne Gesang »Time to say goodbye« angeboten. Eine schöne Ballade, die auch inhaltlich passte und gerade von Paul Young in London aufgenommen werden sollte. Nur bekam er trotz aller Versuche die hohen Töne nicht hin. Weil im Studio nebenan der blinde Tenor Andrea Bocelli arbeitete, bot die Plattenfirma ihn als Sänger an. Ich fand das eine gute Idee, schlug aber vor: »Das müsste man eigentlich im Duett singen.« Sie sagten, dass Sara Brightman doch schon mal vor einem Boxkampf gesungen habe, und so kam es zu dem Duett, von dem eine Million CDs verkauft wurden, später gab es eine doppelte Platin-CD dafür. Mahr hatte zwar zunächst getobt, das würde der schlimmste Showakt, den wir jemals gehabt hätten, aber eine innere Stimme musste ihm, der mal Falco-Manager war, doch gesagt haben: Es könnte gehen. Nur meinen Vorschlag, das Lied ausnahmsweise auch noch einmal am Ende der Übertragung zu spielen, lehnte er ab.

Über diese Anordnung haben wir uns hinweggesetzt, nachdem Maske gegen Virgil Hill seinen letzten Kampf verloren hatte, was seinen Abschied vom Boxen noch sentimentaler machte. Nachdem er im Ring seine Rede ans Publikum gehalten hatte und vor Rührung überwältigt war, habe ich zu unserem Regisseur Volker Weicker gesagt, dem Besten seines Fachs: »Jetzt lass die Musik laufen.« Leise und dann lauter werdend begleitete »Time to say goodbye« Maske auf seinem Weg aus dem Ring. Er ging langsam und mit hängendem Kopf dem Ausgang zu.

Es kann sehr müde machen, wenn man den Fußball im Fernsehen mal wieder neu erfinden soll

Wir wussten genau, wie lange die Musik noch laufen, aber nicht, wie lange Maske brauchen würde, bis er im Gang verschwunden sein würde, wo wir keine Kameras mehr hatten. Es war bewegend, aber sollten wir nicht abbrechen? Vielleicht würde die Musik länger laufen als die Bilder oder nicht bis zu seinem Abgang ausreichen. »Egal, das Risiko gehen wir ein.« Und Maske, wie in der billigsten Schmiere, ging weiter und hielt am Ausgang inne, als nur noch zehn Sekunden Musik blieben. Mit dem letzten Takt hob er die Faust zum letzten Gruße. Aus. Ende. Werbung. Ein großes Finale.

Heute sagt Hans Mahr: »Na, falsch gelegen habe ich nur einmal. Da hast du Recht gehabt, dass ihr die Musik noch mal gespielt habt.« Damals wollte ich aber nicht mehr wissen, wer Recht hat oder nicht. In der Nacht nach dem Kampf beschloss ich, als Sportchef aufzuhören. Beim Frühstück bin ich zu Mahr gegangen und habe gesagt: »Hiermit gebe ich Ihnen den Job zurück.« – »Sind Sie verrückt?«, fragte er. Und ich sagte: »Nein, das ist so.« Sein letzter Satz war: »Ich weine.« Damals glaubte ich, er will mich auf den Arm nehmen. Heute meine ich zu wissen, dass er das ernst gemeint hat. Nach diesem Gespräch bin ich auf die Straße gegangen und war wie befreit. Als das Handy klingelte, habe ich es angeguckt und gesagt: »Hey, du bist wieder mein Freund.« Ich wusste, es konnte nur Sandra, mein Sohn oder Freunde sein. Auf jeden Fall niemand, der sofort losblöken würde: »Herr Reif, sind Sie überhaupt mal irgendwann im Büro? Wo sind Sie? Was machen Sie? Warum haben wir keinen Showakt?«

Der Leidensdruck war damals groß, obwohl ich nicht ganz ohne Genugtuung auf diese Zeit zurückschaue. Die Trennung hatte zudem noch einen versöhnlichen Moment. Sie sollte eine Woche vor Weihnachten 1996 zunächst intern den Bereichsleitern von RTL bekannt gegeben werden. Vor der Sitzung bat mich Mahr noch einmal in sein Büro, wir tranken kurz Kaffee, und dann sagt er: »Wie wär's, wenn wir jetzt da reingehen und sagen: Das alles ist ein Missverständnis. Wir machen einfach weiter, als wäre nichts gewesen.« Für einen Moment habe ich geschluckt, immerhin hatte ich schlaflose Nächte hinter mir, in denen ich dachte, dass ich nie mehr eine hierarchische Position angeboten bekäme, weil ich in der Außensicht als gescheitert galt. Glücklicherweise hatte ich aber einen klaren Moment und fragte zurück: »Herr Mahr, könnten Sie sich denn ändern?« Da hat er mich sehr offen angeguckt, geschluckt und dann den Kopf geschüttelt: »Ich kann mich nicht ändern.« Das hat den Grundstein zu einem inzwischen entkrampften, fast freundschaftlichen Verhältnis gelegt, denn da zeigte sich der große Taktierer und Stratege für einen Moment nackt und ehrlich.

Also habe ich gekündigt, wurde freier Mitarbeiter bei RTL und habe bis zum Mai 1999, dem Finale der Champions League in Barcelona, die Spiele in aller Ruhe als frei fliegender Teppichhändler kommentiert.

25 Heute mal objektiv für die Bayern

Nach dem Spiel in Madrid hätte ich vielleicht ahnen können, was auf mich zukommen würde. Schon im Stadion Vincente Calderon hatte es lautstarke Sprechchöre von mitgereisten Fans aus Dortmund gegen mich gegeben. Das wird eine Minderheit sein, dachte ich, und es war ein Irrtum. Als Borussia Dortmund am 30. Oktober 1996 im Westfalenstadion gegen Atletico Madrid spielte, »wurde der Fernsehkommentator zum Star«, wie *Die Welt* hinterher schrieb. Allerdings auf eine Weise, die für mich absolut verzichtbar war. Die Fans auf der Südtribüne besangen nämlich weder ihre Mannschaft noch den Gegner, sondern ihren Hass auf den Mann am Mikrophon. Auf mich.

Zunächst dachte ich, dass sie nur ein paar Minuten lang ihr Mütchen kühlen wollten, aber selbst der Führungstreffer von Borussia nach einer Viertelstunde wendete sich gegen mich. »Siehst du, Marcel, so wird das gemacht«, war ja ein noch ganz lustiger Sprechchor. Von den weiteren Auslassungen konnte man das weniger sagen: Von »schwuler, schwuler Marcel Reif« über »Marcel ist ein Bayern-Schwein« bis »und schon wieder keine Ahnung Marcel Reif«. Damit hätte ich noch leben können, doch als Atletico nach der Pause in Führung ging und das Spiel langweilig wurde, rotteten sich zwei Dutzend Fans in der Nähe meines Kommentatorenplatzes zusammen. Einer rief sogar: »Fünf Mark für jeden, der Reif in die Fresse haut.« Kein Wunder, dass Panik in mir hochstieg und Wut. Einem der Wortführer habe ich sogar entgegengeschrien: »Komm hoch, wenn du was willst.« Und dann habe ich der Meute den Mittelfinger entgegengestreckt, was nicht die eben intelligenteste Reaktion war und sonst nicht Teil meines Repertoires.

Nur was war eigentlich vorgefallen?

In Dortmund gab es damals gewachsene und funktionierende Hierarchien. Dr. Gerd Niebaum war Präsident und schwebte als Gottvater über allen. Michael Meier kümmerte sich um das Geschäft, Ottmar Hitzfeld um den Sport, und in der Mannschaft sorgte Matthias Sammer dafür, dass alle Spieler brav blieben. Als der Präsident Klage über meine Berichterstattung erhob, hatte das die große Fangemeinde nicht nur zur Kenntnis genommen, sondern auch gemeint, Konsequenzen daraus ziehen zu müssen. Dr. Niebaum hatte sich in einem Interview dahin gehend geäußert, ich ginge viel zu kritisch mit seiner Borussia um. Besonders geärgert hatte er sich über meine Kommentierung beim 0:0 seines Klubs in der Vorsaison in Bukarest. Ottmar Hitzfeld hatte damit zwar kein Problem gehabt, aber Dr. Niebaum war zu dem Schluss gekommen, ich hätte eine »lustlose und übertrieben negative Grundeinstellung« gegenüber dem BVB.

Dortmund war zu dieser Zeit der einzige deutsche Vertreter in der Champions League, weil damals nur die Meister mitspielen durften. Also bin ich mit der Mannschaft herumgereist und habe alle Spiele kommentiert. Ich war plötzlich so etwas wie »The Voice of BVB«, denn wer Borussia Dortmund in der Champions League sehen wollte, musste RTL einschalten und Reif hören. Daraus haben im Umfeld des Klubs einige Leute den nachvollziehbaren Schluss gezogen, dass ich irgendwie doch zur Entourage gehörte und dass man doch nicht sein eigenes Nest beschmutzt. Und als Nestbeschmutzung wurde etwa meine Bemerkung gesehen, dass die Einschaltquoten bei den Spielen der Bayern höher seien als bei denen der Borussia. Das kränkte Dr. Niebaum, obwohl ich dazugesagt hatte, dass zwei Millionen mehr zusehen, weil sie auf eine Niederlage der Bayern hoffen.

Die Klage des Präsidenten war bei den Fans angekommen und wurde an jenem Abend entsprechend umgesetzt. Stadionsprecher Norbert Dickel schwieg dazu, Dr. Niebaum und Meier saßen ein paar Meter vor mir entfernt und sagten ebenfalls kein Wort, als sich der Mob sammelte. Erst zehn Tage später meldete sich Michael Meier telefonisch bei mir und wollte über den Vorfall reden. Da hatte ich in einem Zeitungsinterview bereits angekündigt, zum nächsten Spiel mit Bodyguards einmarschieren zu wollen wie Henry Maske in den Ring. Wir hatten schließlich gute Kontakte zum Boxen.

»Mal schauen, wie das für Ihren Klub aussieht, wenn ich so vor dem Publikum geschützt werden muss«, sagte ich zu Meier.

»Das geht doch nicht«, sagte er.

»Jetzt möchten Sie Ihren Schaden begrenzen. Das hat aber nichts damit zu tun, wie man miteinander umgeht«, sagte ich.

Also hat er mich zur Aussprache nach Dortmund eingeladen, und wir haben die Sache beigelegt. Sie haben mit ihren Fan-Clubs gesprochen, und inzwischen haben Meier und ich ein gutes Verhältnis.

Vorher hatte ich allerdings nächtelang schlecht geschlafen und mich gefragt, was eigentlich passiert war. Denn es ging bei diesem Konflikt nicht nur um Borussia Dortmund und mich, sondern es war ein Fall, an dem man die damals galoppierende Veränderung des Fußballs ablesen konnte.

Es war nicht allzu lange her, dass Dortmund am Abgrund gestanden hatte. 1986 spielten sie in der Relegation gegen Fortuna Köln, und hätte Jürgen Wegmann in der letzten Minute nicht getroffen, wären sie in der zweiten Liga verschwunden. Ob der BVB jemals dort wieder glanzvoll herausgekommen wäre, sei dahingestellt. Viele Dortmunder Fans waren bei diesem Spiel und haben mitgelitten, seitdem aber hatte sich nicht nur ihr Stadion verändert, sondern auch die Besetzung auf den Rängen. Auf der Haupttribüne und in den VIP-Räumen war es sehr gediegen geworden.

Als die Champions League aufkam, wurde viel Geld umgesetzt, und Borussia Dortmund hatte davon in großem Maße profitiert, weil sie im richtigen Moment Meister wurden. Trotzdem haben die Fans auf der Südtribüne regelmäßig aus vollem Hals gepfiffen, wenn die Insignien der Champions League vorgeführt wurden, der Sternenball im Mittelkreis ausgerollt oder die Hymne gespielt. Sie haben ihr Unwohlsein darüber ausgedrückt, dass es nicht mehr ihr Fußball war. So, wie sie ihn gegen Fortuna Köln erlebt hatten. Das war ein Protest derer, die schon da waren, als es keinen Glamour, sondern Abstiegskampf gab. Anders als die, die auf der Haupttribüne saßen, zur Südtribüne rüberguckten und sagten: »Wirklich nett, mal ins Stadion zu gehen. Hör mal, wie schön die singen.« Und sie sangen zuweilen wirklich so schön, dass es einem das Herz erweichte.

In diese Atmosphäre kam ich als Reporter eines Senders, der sich damals nur für die Champions League interessierte. RTL war der kommerzielle Sender, der diese superkommerzielle Fußballveranstaltung unter die Leute brachte. Und die Fans, die den echten, wahren, wunderbaren, traurigen, großartigen, erbärmlichen Fußball erlitten oder beglückt verfolgt hatten, befürchteten, dass sie nur noch auf der Südtribüne gehalten wurden, weil sie so niedlich waren. Man brauchte eine Kulisse, weil zu einem Fußballspiel Stimmung gehört. Die Zuschauer auf der Südtribüne glaubten nicht ganz zu Unrecht, nurmehr Staffage zu sein.

Da kam ich, der als der Protagonist dieser Veränderung galt, ihnen gerade richtig. Wenn RTL so ein Spiel übertrug, war der Auftritt nicht gerade dezent, sondern eher großspurig. So kam zur Vorlage durch den Vereinspräsidenten die Idee: Der ist doch von RTL. Also ein Vertreter von Privatfernsehen, Kommerz, der Champions League und allem anderen Teufelswerk, das es so gibt. Damals war es eine explosive Mischung, inzwischen hat sich die Diskussion beruhigt. Die Fans haben es verinnerlicht, oder sie haben resigniert festgestellt: So ist der Fußball heute.

Nur einen Vorwurf, der damals schon erhoben wurde, gibt es immer noch: Der ist doch Bayern-Fan! Der gegenteilige Vorwurf kommt aber mindestens genauso häufig: Der ist doch Bayern-Hasser! »Heute aber bitte mal schön objektiv für die Bayern« durfte ich mir im Olympiastadion anhören.

Uli Hoeneß hatte in mir über Jahre einen fanatischen Gegner seines Klubs gesehen. Das war nicht etwa augenzwinkernd gemeint, sondern er hat mich mit archaischem Zorn verfolgt. Bis er im Frühjahr 1999 in Kiew, am Vorabend des Champions-League-Halbfinales, beim Abschlusstraining zu mir kam und sagte: »Kann ich Sie mal kurz sprechen?«

»Ja, selbstverständlich, Herr Hoeneß, was ist denn?«, sagte ich.

»Also letzte Woche haben Sie unser Spiel kommentiert, meine Frau hat sich das angehört, und sie war außer sich vor Ärger.«

Darauf allerdings habe ich mir dann erlaubt zu sagen: »Bei allem Respekt vor Ihrer Gattin und vor ihrem Fußballsachverstand, Sie müssen sich das schon mal selber anhören, und dann können wir gern über alles reden.«

Das scheint er getan zu haben, jedenfalls habe ich danach keine Beschwerden mehr gehört. Ich dachte also, die Sache sei ausgeräumt, zumal sich Hoeneß mehrfach zu überschwänglichem Lob verstiegen hatte. Bis er den Vorwurf tendenziöser Berichterstattung im Dezember 2003 erneut erhob. Offensichtlich ein sich in quälender Regelmäßigkeit wiederholendes Ritual. Eigentlich geschenkt, und doch ärgert es mich jedes Mal. Weil ich es als eine Respektlosigkeit meiner Arbeit gegenüber empfinde, wenn man behauptet, dass sie von Sympathie oder Antipathie bestimmt ist. Ich mache meinen Job, so gut ich kann. Ich mache ihn öffentlich, und man kann mich dafür jederzeit prügeln. Jeder kann sehen, wie gespielt wird. Genauso kann jeder hören, was ich dazu sage. Wenn ich dabei einer Unprofessionalität überführt werde, leide ich wie ein Hund und werde mir das so schnell nicht verzeihen. Wäre ich parteiisch, würde das heißen, dass ich meinen Job verrate.

Dazu steht nicht im Widerspruch, dass ich samstags immer noch als Erstes wissen möchte, wie Lautern gespielt hat. Aber das ist inzwischen vor allem ein Ritual, und dahinter steht nicht mehr der unbedingte Wunsch, sie mögen gewonnen haben. Zu Beginn von Andreas Brehmes ruhmreicher Ägide am Betzenberg, als Kaiserslautern 2001 plötzlich wieder Tabellenführer war, habe ich mir sogar in einer Zeitungskolumne zu schreiben erlaubt: »Der deutsche Fußball zur Stunde ist sicher nicht auf dem Höhepunkt seines Schaffens, denn eine Mannschaft wie der 1. FC Kaiserslautern mit ihrem Potenzial und mit dem, was im Umfeld so passiert, gehört nicht an die Spitze, sonst stellt sich die Liga kein gutes Zeugnis aus.« Beim nächsten Spiel in Kaiserslautern stürzten der damalige Vorstandsvorsitzende Friedrich und einige andere Funktionäre aufgeregt auf mich zu und klagten, wie ich als ehemaliger Lauterer so etwas schreiben könne.

Da habe ich ihnen erklärt, es sei meine Meinung, und ich sei weder der verlorene Sohn des Klubs noch ihnen verpflichtet. Vielleicht bekommen wir irgendwann einmal das amerikanische Modell, und jeder Fußballverein hat seinen eigenen Sender. Dann gibt es auch einen Kommentator, der wirklich »The Voice of 1. FC Kaiserslautern« wird. Vielleicht ein schöner Ausblick für den Winter meiner Karriere, aber bis dahin lassen wir es lieber so, wie es ist.

Ich muss mich noch nicht einmal häuten, wenn es auf den Betzenberg geht. Früher dachte ich noch, es wäre so. Wenn ich mich an die ersten Spiele erinnere, bei denen ich Kaiserslautern kommentieren musste, habe ich mir vorher den Kopf zerbröselt, dass ich besonders kritisch hinschauen müsse, damit mir niemand Parteilichkeit vorwerfen kann. Bis ich mir irgendwann gesagt habe: Da ist ein Ball, der ist rund, es sind wieder 22 Jungs in kurzen Hosen auf dem Platz, und nun rede einfach über das, was du siehst. So war die selbst auferlegte Prüfung bestanden und das Thema erledigt. Der 1. FC Kaiserslautern wird zwar ein Teil meiner Biographie bleiben, aber ich bin kein Fan mehr. Wenn ich heute ein Spiel des FCK kommentiere, ist es eines wie jedes andere.

Wir können es auch umkehren und nach Antipathien fragen. Gehe ich zu einem Spiel und wünsche mir, dass eine Mannschaft hoffentlich verliert?

Nein, das gibt es nicht. Selbstverständlich gibt es Klubs, die mir besser gefallen – das liegt am Umfeld –, oder Figuren, mit denen ich lieber umgehe als mit anderen. Nur kann ich guten Gewissens sagen, dass es mir mit Anpfiff egal ist. Früher habe ich mein Elefantengedächtnis gepflegt, und wenn mich ein Trainer oder ein Spieler geärgert haben, fand ich: Die sollten heute besonders gut sein, sonst werde ich mir erlauben, ein wenig spitzzüngiger zu sein. Das ist längst vorbei, heute gibt es kaum noch unaufgearbeitete Dinge.

All das mag enttäuschend sein für Freunde der Konspirationstheorie, die in mir den Agenten des FC Bayern bei der Übernahme der Weltherrschaft sehen. Früher beim ZDF habe ich mir manchmal den Spaß gemacht und die Zuschauerpost über Kreuz weitergeleitet. Also kam etwa ein Brief: »Hey, du dreckige Bayernsau!« Und ein anderer schrieb: »Du bist doch der größte Bayernhasser.« Da habe ich dann einfach dem einen den Brief des anderen geschickt und umgekehrt. Vielleicht haben sie anschließend miteinander diskutiert, oder ich konnte zumindest zu einer Bewusstseinserweiterung verhelfen. Sicher bin ich mir aber nicht.

26 Wenn ein Tor fällt

Sogar zwei Löwen bekamen wir schließlich dafür, einen goldenen und einen aus weißem Porzellan. Den einen Preis stiftete RTL, den Bayerischen Fernsehpreis vergab die Staatskanzlei des Freistaates. Günther Jauch und ich hatten für »ein Fernsehvergnügen der besonderen Art« gesorgt, wie es in der Begründung der bayerischen Jury hieß. Ja, wir hatten »die Mammutaufgabe, das Nichts mit Worten zu übertünchen, glänzend« gelöst. Das fand jedenfalls der Rezensent der *Welt* und schrieb weiter: »Zwei nützliche Narren, die RTL einen Sieg beschert haben und zeigen durften, was sie wirklich wert sind.« Das klingt im Nachhinein sehr schön – wenn ich es doch schon am 1. April 1998 so hätten sehen können.

Dabei war es ein wunderbarer Frühlingstag in Madrid. Die Sonne schien, das Essen war exquisit, und ich hatte mich darauf gefreut, zum ersten Mal ins berühmte Bernabeu-Stadion zu kommen. Zum Hinspiel im Halbfinale der Champions League trat Borussia Dortmund bei Real Madrid an. Alles war angerichtet, es musste nur noch aufgespielt werden. Doch als ich auf meinem Reporterplatz saß und bedeutende Vorinformationen zum Spiel von mir gab, sah ich aus dem Augenwinkel wie auf der von mir aus gesehen rechten Seite das Tor umfiel. Zuerst dachte ich: Na, das haben sie aber nicht ordentlich hingestellt. Dann kam die Zeitlupe, und man konnte sehen, wie einige renitente Fans von Real Madrid heftig an der Aufhängung des Tornetzes zogen und der Pfosten umknickte. Er wurde nicht etwa aus der Verankerung gehoben, sondern brach ab. Doch anstatt zu sagen: Hoppla, wenn nicht bald ein neues Tor herkommt, gibt es ein Problem, habe ich mich völlig verquatscht.

Ich weiß nicht mehr genau, was ich da geredet habe, irgendwann landete ich jedenfalls beim Gegensatz zwischen Barcelona und Madrid, faselte über den spanischen Zentralismus und die Probleme Kataloniens. Der hoch gelobte Reporter wurde seiner Aufgabe nicht gerecht, weil er nicht zur Kenntnis nehmen wollte, was passierte. Ich wollte ein schönes Fußballspiel sehen, das nahm man mir, und so redete ich hemmungslos über den Umstand hinweg, dass leider eines von zwei Toren auf dem Platz fehlte.

Günther Jauch, der wie immer als Moderator dabei war, hörte mein Gebrabbel zum Glück im Studio und sprach dem Sendeleiter auf den Kopfhörer, man möge mich doch für einen kleinen Moment ersetzen, bevor ich medialen Selbstmord beginge. Inzwischen hatte ich mich in einen Kokon des Wahnsinns geschwafelt. Dabei gestoppt zu werden, habe ich damals nicht nur als Freundschaftsdienst empfunden, sondern als Rettung in letzter Sekunde. Denn nun musste mein sinnloser Redefluss für einen Moment versiegen, und ich konnte in Ruhe gucken, was passierte. Sie waren unten auf dem Rasen nämlich keineswegs drauf und dran, ein neues Tor aufzubauen, sondern versuchten, es zu reparieren. Daraus entstand unfreiwillige Komik, weil klar ersichtlich war, dass es nicht gehen würde. Also bat ich nun den Sendeleiter, er möge die Mikrophone von Jauch und mir beide eingeschaltet lassen, sodass wir uns ständig unterhalten könnten.

Dass so Stand-up-Comedy entstand, hat damit zu tun, dass zwei Leute daran beteiligt waren, die befreundet sind und einander vertrauen können. Es war klar, dass keiner den andern aufs Glatteis führen würde, und darüber hinaus haben wir eine ziemlich deckungsgleiche Bewertung von Dingen. Manchmal sitzt man jemandem gegenüber, der witzelt, und man denkt: Herr, gib mir die Kraft, dass ich die nächste Pointe noch ertragen kann. Wenn man aber die Gewissheit hat, dass etwas, was ich lustig finde, der andere auch als komisch empfindet und umgekehrt, macht das den Unfug leichter. Und da hinein steigerten wir uns schließlich wie zwei Schüler, die trotz Androhung von Strafe ihren Lachkrampf im Unterricht nicht mehr bändigen können.

Das hat die Vorgeschichte, dass wir uns schon immer gern die Bälle zugespielt haben. Treffen wir uns privat, ist das für andere mitunter nervtötend. Vor den Spielen in der Champions League hingegen hatte es fast schon etwas Rituelles, wenn wir uns in irgendeinem Wohnwagen vor dem Stadion warm redeten. Da ging es um einen möglichst schnellen Abtausch von Pointen, jeder hat den anderen zu übertreffen versucht, und es mündete in heillosem Quatsch. In Madrid wurden diese Albereien zum Notprogramm, denn wir hatten keinen Plan. Wir haben nur gespürt, wann der andere wieder Hilfe und Luft zum Atmen brauchte.

Günther Jauch war brillant an diesem Abend, als er etwa die Höhe eines Tores erklärte. Er stellte sich dazu auf einen Stuhl, hielt ein Bandmaß an sein Knie und sagte: »Von hier aus noch einen Meter und jetzt noch eine Zigarettenschachtel drauf, dann haben Sie die 2,44 Meter eines Fußballtores.« Nur, warum hatte er ein Bandmaß in der Tasche? Er hat in der Regel einen Brustbeutel dabei und manch anderes Merkwürdige, so ist er nun mal. Dieses Bandmaß aber war ein Requisit, weil leicht übergeschnappte Kollegen die Idee entwickelt hatten, er sollte bei Franz Beckenbauer die Oberschenkelweite vermessen und sie in Relation zu den imposanten Maßen von Roberto Carlos setzen. Jauch sagte mir schon vorher: »Die haben sie nicht alle. Ich gehe Franz doch nicht an den Oberschenkel und frage, ob ich mal messen darf.« Er hatte trotzdem pflichtschuldigst das Bandmaß in die Hosentasche gesteckt. Heraus kam eine der größten Slapsticknummern seit Monty Pythons.

Zwischendurch ergaben sich die sehr speziellen Dialoge, wenn wir den Experten bei ihrem Werkeln am Tor zuschauten. Teilweise wurden wir vom ehemaligen Nationaltorhüter Toni Schumacher unterstützt, der als Experte in Madrid dabei war – eigentlich für Fußball.

REIF Könnte mir vorstellen, dass sie diese Holzpflöcke reinschlagen und dann diese Rohre reinstellen. Ich dachte, wir können hier ein bisschen Fußball gucken. Stattdessen kriegen wir einen Heimwerkerkurs. Ach, jetzt steht hier auch noch Wasser, sind sie schon bis aufs Grundwasser gekommen? Oder ist das Öl?
JAUCH Danke an den Heimwerker und Hilfsdiplomingenieur Reif. Das erste Tor ist in der nullten Minute gefallen. Sind Sie eigentlich ein großer Handwerker, Toni Schumacher?
SCHUMACHER Ja, ich hab Kupferschmied gelernt. Ich glaub, Schweißen wär jetzt groß angesagt.
JAUCH Kann man Alu schweißen? Das schmilzt doch. Wir schauen uns das jetzt eine Weile an, wenn es größere Dinge gibt, Sägearbeiten, Erdarbeiten, Arbeiten, bei denen Kupferschmiede benötigt werden, sind wir wieder da. Ich weiß vom Kollegen Reif: ein begeisterter Heimwerker, der in einer achtstündigen Aktion ein Kellerregal aufzubauen versuchte.
REIF Ich hab das probiert, und ich hab das falsch rum, also, ich musste wieder auftrennen, aufschrauben, also auf mich würde ich da jetzt nicht setzen. Aber haben wir nicht früher, als ganz junger Mensch, auf ein Tor gespielt, und drei Ecken waren ein Elfer? … Jetzt fummeln die an dem Netz rum. Die warten nicht etwa auf das neue Tor, sondern denken, irgendwas müssen wir machen, lass uns doch das Netz flicken. Wo nichts zu flicken ist.

JAUCH Was mich interessiert: Diese ganzen Uniformierten, mit den wichtigen Wappen …
REIF … die sind auf Tauchstation!
JAUCH Aber immer jetzt. Da merken sie, sie müssten selber Hand anlegen.
REIF Guck in der Mitte der.
JAUCH Wo?
REIF Der mit der dunklen Krawatte. Der das Ganze leitet. Achtung, schau, jetzt. Bedenken, ich kann nur warnen.
JAUCH Abwehrende Handbewegung.
REIF Kommission einsetzen.
JAUCH Links, sein Referent.
REIF Achtung, da nimmt einer den Hammer. Und weg, aus.
JAUCH Der da! Der ist ganz wichtig! Oder ist ganz unwichtig und trägt nur dauernd Papiere hin und her.
REIF Wenn er ein Tor tragen würde, wär nicht schlecht.

So ein Zeug haben wir 75 Minuten lang geredet, und es war nicht nur an und für sich absurd, sondern das Gefühl wurde noch dadurch bestärkt, dass die Champions League eigentlich bis ins Lächerliche durchgeplant ist. Die Abläufe sind nicht minütlich, sondern sekündlich strukturiert, und das Fernsehen muss das natürlich nachvollziehen plus seine eigenen Werbezwänge. Da gibt es den letzten Werbeblock vor dem Anpfiff, danach hat man 30 Sekunden, dann kommt die Aufstellung von Real, anschließend sind 5 Sekunden frei bis die Aufstellung von Dortmund eingeblendet wird. Anschließend laufen die Mannschaften ein, und der Moderator gibt schnell runter an den Spielfeldrand, denn da steht der Trainer noch zu einem Kurzinterview. So und nur so ist der Beginn der Sendung, bis das Spiel endlich läuft.

Doch plötzlich hatten wir eine torlose Wüste und nichts als Anarchie. Das war reizvoll für die Zuschauer, und für uns hatte es etwas Berauschendes, aber nicht im positiven Sinne. Ich hatte ständig das Gefühl: Das glaubt uns kein Mensch, was wir hier gerade machen. Es kann nicht wahr sein, zur heiligen Champions-League-Abendzeit, Halbfinale, Real Madrid gegen Borussia Dortmund. Das ist doch von übergeordnetem Interesse, und dann wird über Ikea-Regale geredet? Zwölf Millionen Menschen sitzen vor dem Fernseher, und denen erzählst du, wie du so ein verdammtes Regal in einem schmalen Keller zusammengeschraubt hast und plötzlich feststellst, dass es von der anderen Seite geschraubt werden und deshalb wieder auseinander gebaut werden muss. Während des Erzählens dachte ich: Wo sind die Männer in den weißen Kitteln und sagen: »Herr Reif, kommen Sie jetzt bitte ohne großes Aufsehen mit.« Selbst wenn man in einem Lokal säße und so was würde am Nebentisch geredet, würde man sagen: Nicht so laut, das ist bestimmt lustig, nur nicht für andere Leute. Bei uns aber saßen zwölf Millionen am Nebentisch.

Richtigen Spaß hatte ich nur in dem einem Moment, als mir mein bester Satz einfiel. Die Pointe fand ich so komisch und passend, dass ich einen Moment lang ganz beglückt war, weil ich selbst dachte: Genau, das ist es! »Noch nie hätte ein Tor einem Spiel so gut getan wie heute.«

Als das Tor endlich im Stadion eingetroffen und aufgestellt war, begann ein Fußballspiel, das niemand mehr wollte. Dortmund hatte Protest eingelegt, die Spieler hatten sich so lange warm gemacht, dass sie keine Lust mehr auf das Spiel haben konnten. Meine Arbeit war es, das brav zu ignorieren und die Partie ordentlich zu kommentieren. In der Halbzeitpause habe ich zu Hause angerufen und meine Frau nach ihrer Meinung gefragt.

»Ja, ist okay«, sagte Sandra, »aber das vorhin war richtig gut.«

»Ich fand es schlimm«, sagte ich.

»Nein, es war großartig, richtig toll!«, sagte sie und erzählte, dass es schon eine Einladung zum Besuch im Frühstücksfernsehen und in diverse Talkshows gegeben habe.

Nach Abpfiff war ich erschöpft und schlecht gelaunt. Ich hatte einen Muskelkater von dem ganzen Gerede und bin ums Stadion gelaufen, als der Nachklapp zum Spiel mit den Interviews und Analysen lief. Der ehemalige Nationalspieler Hansi Müller rief an, er war bei einem anderen Spiel gewesen und sagte: »Wir haben zwischendurch immer wieder bei euch reingehört, das war zum Totlachen.« Das hat mich zwar gewundert, aber auch ein wenig getröstet. Dann bin ich zu unserem Ü-Wagen getrottet, wo sie gerade mit der Sendung fertig waren, und Jauch kam auf mich zu und sagte: »Dafür gibt's was.« Während ich dunkel dräuend durch die Gegend gelaufen war, wusste er gleich, dass uns etwas Preiswürdiges gelungen war.

Wir waren uns nur nicht ganz sicher, ob die Werbeverpflichtungen erfüllt worden waren. Es gab viele Bedenken, weil die Spots nicht an den vorgesehen Stellen laufen konnten, weil es um 21.32 Uhr keine Halbzeitpause, sondern Bastelarbeiten an einem umgefallenen Tor gab. Was würden die Auftraggeber sagen? Würden sie das lustig finden oder empört sein?

Am nächsten Tag verflüchtigten sich alle Bedenken, wir wurden mit Lob überschüttet. »Dös woar großartig«, fand Mahr. Und weil er halt nie verstehen wird, was die Menschen an anderthalb Stunden Fußball finden, erklärte er mir noch: »Sie wissen aber schon, dass bei Ihrem Fußballspiel dann weniger Leute zugeschaut haben, Herr Reif.« Das Lob freute mich, selbst wenn es schlecht verpackt war, aber so eine Situation wie in Madrid ist nicht zur Wiederholung vorgesehen. Im Gegenteil. Für mich ist die größte Reporterleistung, wenn ich mich anständig auf ein Spiel vorbereitet habe und dem Ereignis gewachsen zeige. Dann kann ich zufrieden sein. In Madrid passierte etwas, was man von mir eigentlich nicht verlangen kann. Und wer weiß, wie es nach 80 Minuten gewesen wäre? Vielleicht wären die letzten fünf Minuten furchtbar geworden.

Gut, die Zuschauer hatten ihren Spaß, wir haben es also offensichtlich gut gemacht. Wenn wir aber noch einmal dazu aufgefordert würden, würden wir den Auftrag nicht mal bis zu Ende anhören, sondern sagen: Wisst ihr was? Legt schöne Musik auf, ihr trefft uns am Würstchenstand.

27 Zweimal eine neue Heimat

Nachdem 1996 der Vertrag mit RTL aufgelöst und ich nur noch freier Mitarbeiter war, empfand ich das Leben in Köln zunehmend als beklemmend. Den Abgang als Sportchef empfand ich trotz der widrigen Umstände als Niederlage, vor allem aber lief die Scheidung von meiner Frau noch. Ich wollte Ria und Jan nicht mehr mit meiner schmerzenden Anwesenheit belasten und vermeiden, dass wir uns zufällig auf der Straße begegneten, wenn Sandra dabei war. Ich wollte etwas Neues anfangen, und dies möglichst unbeschwert. Allerdings musste ich Sandra erst dazu überreden, sie empfand es ihrerseits als Niederlage, in ihre Heimatstadt zurückzukehren. Im Oktober 1997 zogen wir doch nach Zürich und hatten zunächst einen etwas seltsamen Wohnort – im Dachgeschoss der Börse.

Zürich ist viel ruhiger, und die Menschen sind distanzierter als in einer Medienstadt wie Köln, wo man in jedem Café Sternchen einer Soap Opera trifft. Im Laufe der Zeit habe ich die Ruhe und Behäbigkeit in der Schweiz schätzen gelernt. In Zürich mag ich vielleicht ebenfalls ein bunter Hund sein, aber niemand nimmt Notiz davon. Zumindest werde ich hier selten angesprochen und fast nie von Passanten angestarrt, die plötzlich auf der Straße stehen bleiben und ein »Das ist doch der Reif!«-Gesicht aufsetzen. Das ist angenehm, auch für Sandra und die Kinder, 2000 wurde Tim geboren, 2002 sein Bruder Nic.

Mitunter stelle ich mir die Frage, ob ich in Zürich am Endpunkt einer Reise angekommen bin. Oder ist hier doch nur eine weitere Durchgangsstation wie Warschau, Tel Aviv, Kaiserslautern, Heidelberg, Mainz, Wiesbaden, Klein-Winternheim oder Köln? Ich habe mich überall zu Hause gefühlt, Freunde gefunden und am Leben teilgenommen, aber das Gefühl einer Heimat im Sinne einer Beständigkeit oder eines Ortes, an dem ich tief verwurzelt bin, fehlt mir. Schon als kleines Kind hatte ich im Grunde zwei Adressen. Einerseits lebten wir in Warschau, ich verbrachte aber auch so viel Zeit bei meiner Großmutter und Urgroßmutter in Schlesien auf dem Land. Schön fand ich es, zwischen diesen Orten zu pendeln, und habe es nicht als bedrohliche Instabilität empfunden. Selbst wenn meine Wurzeln also nirgends sehr tief gehen, empfinde ich mich andererseits nicht als ein Mensch auf der Flucht. Es spricht aus meiner Sicht nichts dagegen, vom Haus, in dem wir inzwischen wohnen, auch am Lebensabend noch auf den Zürichsee zu blicken. Es gibt mir aber ein Gefühl der Freiheit zu wissen, dass ich dieses Haus jederzeit ohne Schwierigkeiten verkaufen könnte, wenn es dringend notwendig wäre.

Zu diesem Gefühl der Freiheit gehört für mich auch die Möglichkeit zu reisen, was bei mir sowieso eine berufliche Notwendigkeit ist. Ein Tag in Madrid hilft gleich darüber hinweg, wenn ich mal eine Überdosis Schweizer Behäbigkeit abbekommen habe. Ich freue mich darauf, nach Kiew zu kommen, obwohl die Hauptstadt der Ukraine nicht als attraktiv gilt. Der Trip mit Bayer Leverkusen nach Tiflis wurde zu einem unvergesslichen Erlebnis, weil mir ein georgischer Führer die atemberaubenden Schönheiten rundum zeigte. Reisen war immer schon mein Hobby und ein Ventil für Rastlosigkeit und Unruhe.

So war die Welt genau richtig eingerichtet, als wir 1997 nach Zürich kamen. Es gab ein neues Zuhause, wo ich mich schnell wohl fühlte, und ich hatte meine regelmäßigen Fluchten bei der Kommentierung der Champions League, doch im Frühjahr 1999 zeichnete sich ab, dass RTL die Übertragungsrechte verlieren würde und zwar an den neu gegründeten Sender TM3. Also brauchte RTL den freien Mitarbeiter Reif nicht mehr. Man fragte zwar höflich an, ob ich nicht beim Skispringen oder der Formel 1 einsteigen wollte, aber das kam nicht in Frage.

Als TM3 den Markt abgraste, um sich eine Crew einzukaufen, sprachen sie auch mich an. Nur entwickelten sich die Verhandlungen bald zu einer Groteske. Punkte, die eigentlich schon zu Ende verhandelt waren, wurden einen Tag später wieder neu diskutiert. Vor allem wurden Inhalte unserer Gespräche mit beeindruckender Konsequenz unter die Leute gestreut. Bei seinem 50. Geburtstag begrüßte mich Hans Mahr in Wien mit: »Du, dös Geld gebn's dir net.« Zehn Minuten später klopfte mir Helmut Thoma auf die Schulter: »Sie pokern aber hoch, Herr Reif.« Meine Vertragsgespräche mit TM3 waren plötzlich zum Partythema geworden. Sie machten sich einen Spaß daraus, meine angeblichen Forderungen und Schmerzgrenzen auszuposaunen. Da ahnte ich schon, dass Herr Dr. Herbert Kloiber, der damalige Chef von TM3, ein ganz großer Medienschaffender ist und eine Amateur-Bauchtanz-Truppe um sich geschart hatte. Nur war ich darauf angewiesen, weiter mit ihm zu verhandeln.

Das alles kulminierte in Barcelona in den Tagen um das Finale der Champions League zwischen Bayern München und Manchester United. Vor dem Spiel kam Clive Tyldesley, mein englischer Reporter-Freund, zu mir und erzählte, dass sich seine Kollegen von Sky TV nach mir erkundigt hätten. Sky gehörte wie TM3 zum Konzern des Australiers Rupert Murdoch. Zehn Minuten später kam Tony Woodcock, der ehemalige Profi von Arsenal London und des 1. FC Köln, und verkündete: »Ich habe gerade Großes für dich getan.« Auch er hatte mich auf Nachfrage bei den Sky-Akquisiteuren empfohlen. Die waren also ums Stadion gelaufen und hatten sich öffentlich nach mir erkundigt. Es war absurd.

Dazu passte ein Plakat, das die Schweizer Werbeagentur Weber, Rodel und Schmidt vor dem Stadion Nou Camp aufgestellt hatte. Es war Teil einer Kampagne für den *Tages-Anzeiger* in Zürich, bei der jedes Mal gefragt wurde, was wohl hier und da passieren würde. Auf dem Plakat in Barcelona war in diesem Fall zu lesen: »Wird Marcel Reif Fernsehfußballkommentatorin bei TM3?« Kommentatorin war ausgeschlossen, TM3 aber nicht.

Zugleich wurde mir in Barcelona von verschiedenen Seiten eingeflüstert, dass ich besser nicht zu TM3 wechseln sollte. Denn es gab Interessen, die verhindern wollten, dass sich Murdoch auf dem deutschen Markt etabliert. Der Australier hatte sich in England und Amerika auf äußerst ruppige Art und Weise auf dem Medienmarkt breit gemacht. Eigentlich wollte niemand, ob privat oder öffentlich-rechtlich, ihn als harten Wettbewerber auf dem deutschen Markt sehen.

Nach dem Endspiel blieben Sandra und ich auf Einladung von RTL noch drei Tage in Barcelona, zumal am Wochenende noch ein Formel-1-Rennen anstand. Immer wieder gab es Treffen mit Anwälten von TM3, und das Hickhack setzte sich fort. Immer deutlicher wurde, dass ich es mit einem Zirkus zu tun hatte, und irgendwann reichte es mir. Das konnte und wollte ich mir nicht antun. Irgendwann zerriss ich ihr letztes Fax und sehe mich nachts in einem nicht sehr hell erleuchteten Hotelzimmer in Barcelona stehen. Sandra saß in einem Sessel, ich stand am Fenster und sagte: »Wir sind am Ende der Reise. Ich weiß nicht, was jetzt kommen soll.«

Ich fühlte mich im leeren Raum, als am nächsten Tag Markus Tellenbach anrief, der damalige Chef von *Premiere*. Er hatte mir einen Monat zuvor angeboten, Sportchef von *Premiere* zu werden. Das hatte ich noch dankend abgelehnt, weil ich auf keinen Fall weg von Zürich nach München wollte. Ich dachte, er würde sein Angebot wiederholen, aber er hatte mir dringend eine neue Idee zu unterbreiten und wollte mich schon am nächsten Tag treffen. »Ich glaube nicht, dass Sie das Angebot ablehnen können«, sagte er, und wir verabredeten uns in Zürich. Wo? »Eine Kalbs-Bratwurst wäre sexy«, fand er.

Also trafen wir uns im ersten Stock über dem berühmtesten Wurst-Stand der Stadt, »Im vorderen Sternen« am Bellevueplatz. Schon beim Hinsetzen machte er sein finanzielles Angebot: »Und Sie kommentieren dafür bei uns die

Bundesliga. Reicht das, oder muss ich noch mal telefonieren?« Ich sagte: »Herr Tellenbach, es reicht.« Bis wir saßen, hatten wir uns schon geeinigt. An der Stelle pflege ich nach oben zu gucken und mich bei meinem Vater zu bedanken, der viele dieser Dinge nicht mehr miterlebt hat. Aber er hat die Hand über mich gehalten, glaube ich zumindest. Denn so viel Glück kann man eigentlich nicht haben. Aus dem einst beschaulichen Treiben beim Fernsehen, wo man auf nicht mehr als Beförderungen oder Gehaltsaufstockungen nach Dienstjahren wartete, war ein Kriegsgebiet geworden. Bei ihren Eroberungszügen kämpften die Sender um das Personal, das ihnen erfolgsträchtig erschien, und ich hatte jedes Mal davon profitiert. Ich war vom öffentlich-rechtlichen ZDF zum Privatsender RTL gewechselt. Jetzt landete ich im genau richtigen Moment beim Pay-TV-Sender *Premiere*, dem ich, so viel Ehrlichkeit muss sein, früher jede Zukunft in unserem Land abgesprochen hatte und der nun meine Zukunft wurde.

28 »Papa goot schaffe«

Es ist sechs Uhr morgens, als der Wecker klingelt. Benommen tapse ich durch die Wohnung, stolpere wie ferngesteuert unter die Dusche, ziehe mich an und schreite meinen Parcours ab. Zum Reisepass, Etui mit den Kreditkarten, Führerschein, Brille und Uhr, schließlich zum Kleingeld, den Geldscheinen in einer Spange und zum Handy. Alles sollte an den richtigen Stellen deponiert sein. Es ist zu früh, um eine imaginäre Checkliste abzuhaken. Was nicht an seinem Platz liegt, werde ich vergessen.

Ich gehe in die Garage und steige in den Wagen. Um

diese Uhrzeit brauche ich zum Flughafen zwanzig Minuten. Im Parkhaus stelle ich das Auto ab, hole mir am Schalter mein Ticket und kaufe dann ein paar Zeitungen. Ich bin auf dem Weg zur Arbeit. Es sind die ganz frühen Samstage, wenn es in den Westen geht, nach Dortmund, Schalke oder Mönchengladbach. Nach München ist es moderater, da geht der Flug erst um neun Uhr, zu einem Spiel der Champions League sogar noch später. Das bedeutet dann einen ganz normalen Tagesbeginn. Windeln wechseln und die beiden Kinder mit zum Frühstück nehmen, dann schauen wir uns als Vorbereitung auf Real Madrid die »Teletubbies« an. Der Ältere der beiden Kleinen hat dann schon bemerkt, dass ich nicht in schlabbrigen Hosen und T-Shirt durch die Gänge schlurfe, und sagt in breitem Züridüütsch: »Papa goot schaffe.«

In der Frühmaschine lese ich, wer eine Muskelverhärtung hat oder fürs heutige Spiel fraglich ist. Dann landen wir in Düsseldorf, ich gehe durch die Zollkontrolle, hinüber ins Hotel direkt am Flughafen und schlafe um neun Uhr wieder ein. Um Viertel vor eins werde ich geweckt, packe meine Sachen, checke aus, setze mich in den Leihwagen und fahre los. Hoffentlich bleibe ich nicht auf dem Ruhrschnellweg hängen. Der Verkehr wird dichter, immer mehr Schwarz-Gelb. Am Stadion höre ich das Publikum, feuchte Hände.

In diesen Momenten fällt mir manchmal einer meiner ältesten Freunde ein. Gary Bückart ist heute Psychotherapeut und lebt in Kaiserslautern, wo wir früher oft zusammen ins Stadion gegangen sind. Einmal verlor der FCK durch ein Freistoßtor von Augenthaler gegen den FC Bayern, Jan muss damals sechs oder sieben Jahre alt gewesen sein. Beim Weggehen saß er auf Garys Schultern und weinte. Die ganze Aufregung und schließlich die

Niederlage waren für ihn zu viel gewesen, die Welt ging unter. Da schaute Gary mich an und sagte: »Der hat's gut, oder?« Das traf es wunderschön, ist aber nur die Hälfte der Geschichte. Während des Spiels hatte ich nämlich ständig geplappert und zu allen Situationen meinen Senf gegeben. Irgendwann lief ein Spieler in der eigenen Hälfte mit dem Ball los, verdribbelte sich, niemand kam ihm zu Hilfe. »Pass auf, gleich schwenkt er das weiße Taschentuch«, sagte ich zu Gary. Da guckte er mich an und fragte: »Warum machst du das eigentlich nicht berufsmäßig? Warum kommentierst du nicht Fußball?«

Nun fand ich meine Pointe so umwerfend nicht, und er hätte mir auch vorschlagen können, dass ich doch noch mal ein Studium der Astrophysik aufnehmen sollte, so fern war mir damals die Idee. Wenn ich heute in Dortmund oder Madrid oder sonst wo am Stadion ankomme, denke ich, dass ich zum Glück gezwungen worden bin. Kürten musste mich vor knapp zwanzig Jahren fast dazu nötigen. Heute darf ich genau die innere Aufregung spüren, die alle anderen haben, die zum Stadion kommen. Nur haben sie eine harte Woche im Job hinter sich oder gönnen sich gerade mal eine Pause davon, und ich darf hier mein Geld verdienen. Ein Traum ist das, selbst wenn ich morgens noch so benommen aus dem Haus gestolpert bin.

Als ich Seminare an der Sporthochschule in Köln gab, war eine meiner dauernden Ermahnungen an die Studenten, dass der Beruf des Sportreporters im Fernsehen ein Handwerk ist. Doch zugleich wird dieser Job einen Hauch von Gauklertum behalten, von Schwertschlucker und Feuerspucker. Ich frage mich mitunter sogar, ob das wirklich ein Beruf ist. Wenn etwas so viel Spaß macht, ist es dann nicht Teufelswerk? Wenn ich zum Kommentieren ins Ausland fahren darf, sehe ich nicht nur das Hotel und den Fußballplatz oder begnüge mich mit dem abgepackten Sandwich in der Tüte. Also komme ich regelmäßig nach Hause und denke: Das war eine schöne Reise. Und was musste ich dafür tun? – Über Fußball reden.

Zugleich ist es eine sehr vergängliche Kunst, denn was bleibt? Zeitungsartikel werden archiviert und können wieder hervorgeholt werden, aber meine Reportagen nicht. Vielleicht wirkt auch noch das alte Gift, dass politischer Journalismus als seriöser gilt. Dazu kommt meine persönliche Gemengelage, dass ich Fußball so schrecklich wichtig nehme und zugleich für unwesentlich halte. Denn selbstverständlich ist es nur Fußball.

Diesem leichten Anflug von schlechtem Gewissen begegne ich, wie es viele Vertreter der leichten Künste tun: mit einem Preußentum in der Vorbereitung, das fast schon spießig ist. Ich will mir das unverschämte Glück, diesen Job machen zu dürfen, durch Akribie verdienen. Also bereite ich mich auf Borussia Dortmund, Real Madrid oder Juventus Turin auf die immer gleiche demütige Weise vor, selbst wenn ich sie in den Wochen zuvor schon gesehen habe. Ich notiere: Juve hat so und so viele italienische Meisterschaften und Pokale gewonnen, aber seit 1996 keinen internationalen Titel. Ich schreibe jeden Spielernamen auf und schaue nach, wie alt er ist, obwohl ich es auswendig weiß. So füllen sich die zwei Seiten langsam wieder, die ich mit ins Stadion nehme. Ich beschreibe sie zu jeder Partie neu, mit vielen bunten Filzstiften und mit der Hand. Ein Bekannter hatte mir angeboten, ein entsprechendes Programm auf dem Computer zu installieren, aber das würde mir nicht helfen. Ich habe ein fast fotografisches Gedächtnis, muss aber meine Notizen handschriftlich machen, um sie auf meine eigene Festplatte gekritzelt zu haben. Ich mache mir die Mühe, weil ich fachlich nicht angreifbar sein will. Aber sollte das nicht in jedem Beruf so sein? Ich würde mir jedenfalls wünschen, dass der Klempner meine Wasserleitung so fundiert verlegen will, wie ich ein Spiel zwischen Borussia Dortmund und dem FC Bayern. Wie aber sollte das gehen, wenn ich ohne Vorbereitung und mit der Haltung ins Stadion käme: »Plappre halt los, du kommst schon über die Runden.«

Im Herbst 2002 musste ich zu einem Spiel von Arsenal London. Der Tag vor meiner Abreise war schön gewesen. Wir waren spazieren, hatten mit den Kindern gespielt, abends wunderbar gekocht, und dann hatte ich mich ins Büro begeben. Ich arbeite gern spät und füllte brav meine Doppelkarte aus, als mir eine innere Stimme zuflüsterte: Warum wird Arsenal London eigentlich »The Gunners« genannt? Es war halb elf Uhr abends. Ich war müde. Musste ich das wirklich wissen? Ja, ich musste.

Sandra half mir bei der Suche im Internet, aber es dauerte. Es dauerte nicht eine halbe Stunde, nicht eine oder zwei Stunden. Um genau 1 Uhr 30 hatten wir die Antwort gefunden, dass der Klub 1886 von sechs Arbeitern der Royal Arsenal Munitions- und Waffenfabrik im Süden Londons gegründet worden war, die ein paar Pennys zusammengekratzt hatten, um sich einen Ball zu kaufen. 1913 zog der Klub von Woolwich in den Norden Londons um, der damals wirtschaftlich sehr viel stärker war und weil der damalige Vereinsbesitzer seinem anderen Klub FC Fulham im Süden der Stadt keine Konkurrenz machen wollte.

Am nächsten Abend im Highbury-Stadion fiel leichter Nieselregen, als der minutiöse Ablauf der Champions League ins Stocken kam, denn zum vorgesehenen Zeitpunkt war von den Mannschaften nichts zu sehen. Ich guckte kurz zum englischen Kollegen hinüber, und der sagte: »There is a bomb threat. They said, it could be ten more minutes.« Eine Bombenwarnung, die den Anpfiff um zehn Minuten verzögert, nun gut.

Meine Kollegen hatten unseren Studiogast bereits auf die Tribüne entlassen, die englische Regie zeigte eine wunderbare Totale des Highbury-Stadions und Londoner Regen fiel quälend stetig hernieder. Bald kam die Frage, ob ich die Zeit nicht überbrücken könnte, und so erzählte ich in allen ihren schönen Verästelungen die Geschichte, warum die Gunners eigentlich Gunners heißen. Außerdem erzählte ich, dass Arsenal dieses verregnete Stadion bald verlassen würde, um in ein neues, großes, schönes umzuziehen. Dass dieses Stadion bis auf die Haupttribüne abgerissen wird, die als Baudenkmal geschützt ist. Dass an gleicher Stelle ein Einkaufszentrum errichtet wird und der Rasen Grünfläche wird bleiben müssen, weil verstorbene Arsenal-Fans dort ihre Asche haben bestatten lassen und ihre Totenruhe nicht gestört werden darf. All das erzählte ich also, was ich in einer verlängerten Nachtschicht am Vorabend zusammengetragen hatte. Und es reichte genau. Mit dem letzten Satz betraten die Mannschaften das Spielfeld.

Ich habe das als eine Art Gottesprüfung empfunden. Mir kam es vor, als wollte jemand herausfinden, ob man mit mir noch arbeiten könne oder die Zeit gekommen sei, nun endlich aufzuhören. Es klingt pathetisch, war aber nicht weniger als das. Ich weiß noch, dass ich danach auf den Knopf gedrückt und den Kollegen in der Regie gesagt habe: »Da staunt ihr Jungs, was?«

29 Ärztliche Kunstfehler

Eigentlich ist die Welt in Ordnung, doch plötzlich fehlt mir etwas. Ich kenne das Stadion und habe die Mannschaften gesehen. Ich bin gut vorbereitet und das Übertragungsteam ist es auch. Aber es fehlt die innere Anspannung. Wenn es zu gemütlich wird, muss ich mir einen kurzen Adrenalinstoß verpassen. Sehr hilfreich ist dazu ein Ordner im Stadion, der findet, ich dürfe irgendwo nicht durch, wo ich vorher immer durchgegangen bin. Dann zetere ich ein wenig herum, bis der arme Mann nachgibt. Obwohl es darum gar nicht geht. Als ich noch nebenbei Sportchef bei RTL war und dort noch Angst verbreiten durfte, hieß es bei den leidgeprüften Kollegen schon: »Wer stellt sich heute zur Verfügung?« Dann trabte ein armer Redakteur oder Field-Reporter an, ich habe mein Bäuerchen gemacht und kam physikalisch auf Touren, nicht nur im Kopf. Eine andere Variante ist die des Warmsabbelns, die ich mit Günther Jauch so gern praktiziert habe und die damals beim Spiel ohne Tor in Madrid so geholfen hat.

Im Grunde mache ich das, was die Spieler vor dem Anpfiff machen. Sie dehnen sich, laufen sich ein, justieren ihren Torschuss, um von Beginn an im Spiel zu sein. Ich hingegen schwatze mich warm, damit nicht gleich zu Beginn der Übertragung die Sätze zäh und schwer wie bei Nilpferdgeburten das Licht der Welt erblicken. Ich brauche das auch, um mich von den Ritualen des Arbeitstages nicht ermüden zu lassen. Die Produktionsleitung der Sendung möchte verständlicherweise, dass ich anderthalb Stunden vor Spielbeginn im Stadion bin, um nicht irgendwo einen Reporter suchen zu müssen. Früher sollte ich sogar noch bei allen Besprechungen dabei sein, wenn die Ablaufpläne verlesen wurden. Eine Tonprobe zweieinhalb Stunden vor Anpfiff gab es, bis ich mal gesagt habe: »Fragt einen Ordner und nehmt seinen Schäferhund. Geht mit ihm zum Reporterplatz, kneift den Hund, und wenn man sein Quieken oder Bellen unten hört, müsste das Mikro in Ordnung sein. Wenn nicht, habt ihr ein Problem.« Aber selbstverständlich sind solche Rituale notwendig, selbst wenn alle Abläufe längst klar sind. Letztlich ist es wie im Flugzeug, wenn der Kapitän im Cockpit ein Kommando gibt und sein Co-Pilot es wiederholen muss, um dann ein Häkchen machen zu können. So etwas gibt Sicherheit, und außerdem sorgt es für die Stimmung, dass wir jetzt alle zusammen ans Werk gehen werden.

Ist alles besprochen und habe ich mich aufplustern dürfen, zünde ich eine Zigarre an und gehe meiner Wege. Die Zigarre habe ich mir irgendwann angewöhnt, nachdem ich mir die Zigaretten abgewöhnt hatte. Es hat noch das beruhigende Nuckeln und macht die Schritte gemessener, ruhiger und konzentrierter. So stehe ich zufrieden qualmend am Spielertunnel, und entscheidende Momente von einst kehren zurück. Ich darf sein, wo nur wenige hindürfen, wie etwa vor mehr als vier Jahrzehnten, als der 1. FC Kaiserslautern in der Endrunde um die Deutsche Meisterschaft gegen den 1. FC Köln spielte.

Im Südweststadion in Ludwigshafen durften wir damals wie berichtet mit der C-Jugend des FCK das Vorspiel machen und anschließend Spalier stehen, als die Spieler herauskamen. Für mich war es, als wäre ich dem Allerheiligsten nahe. Wir konnten hören, wie sich die Spieler hinten aus der Kabine auf den Weg machten. Der Weg war ziemlich lang, und das Klappern der Stollen auf dem Steinboden war wie die Ankündigung einer Prozession. Dann kamen die Kölner, angeführt von Karl-Heinz Schnellinger, in ihren weißen Trikots. Sie waren eingehüllt in eine Wolke aus Kampfer, womit sie sich die Beine eingerieben hatten. Schnellinger, das blütenweiße Trikot, der Kampfer – all das hat sich auf ewig in mein Hirn gebrannt. Diesen Geruch werde ich genauso wenig vergessen wie das Klappern der Stollen auf den Holzbohlen in Warschau und den Anblick von Szymkowiak, dem Titan meiner Kindheit.

Ich habe die Stollen gehört, die Spieler auf den Platz laufen sehen und wieder einmal die Aura geatmet. Dann gehe ich zu meinem Reporterplatz oben auf der Tribüne, setze mich hin, bin ganz ruhig. Ich brauche jetzt keine Adrenalinstöße mehr, die Konzentrationsphase beginnt. Auch das ist ähnlich wie zur gleichen Zeit unten in der Kabine, wo die Profis sich nun ins Spiel versenken, die Schnürsenkel noch einmal richten und die Stollen kontrollieren. Ich lasse mich für den kurzen Auftritt ankabeln, in dem ein paar Sätze zur Ausgangsposition und Bedeutung des Spiels gesagt werden. Dann läuft es, als ob ich in einen Tunnel gestiegen wäre.

Während der Reportage sitzt mein Assistent Michael Önning neben mir. Er ist Verbandssportlehrer in Württemberg und Assistenztrainer bei der U-19-Nationalmannschaft des DFB. Bei ihm kann ich mich darauf verlassen, dass er das Spiel nicht viel anders sehen wird als ich. Er ist meine fachliche Kontrolle, etwa zu Beginn des Spiels bei der taktischen Formation. Wenn sich etwas entgegen unserer Recherche entwickelt, ist ein Hinweis hilfreich, dass eine Mannschaft sich doch nicht um Raumdeckung schert, sondern ein Spieler dem gegnerischen Spielmacher dauernd hinterherläuft. Ich folge zunächst vor allem dem Ball, deswegen brauche ich einen Nebenmann, der ein wenig über den Dingen schwebt. Und wenn ich »Abseits« sage, ist ein freundliches Nicken hilfreich.

Michael achtet mit darauf, dass ich nicht zu viel rede oder einen Gaul besteige, der dann mit mir durchgeht. Dass ich also eine Mannschaft oder einen Spieler zu eilig schlecht rede. Schnell versteigt man sich nämlich in ein »da, schon wieder«. Dann ist es gut, wenn nebendran einer warnt: »Mach mal langsam und schaufle das Grab nur zwei Meter und nicht schon sechs Meter tief.« Denn am Ende gewinnen die überstreng Kritisierten das Spiel noch, und der von mir gescholtene Spieler schmettert einen Fallrückzieher in den Winkel.

In der Halbzeitpause höre ich zu, wie das Spiel bei den Gesprächen im Studio bewertet wird. Wenn es der Studiogast so sieht, wie ich es beurteilt habe, ist es gut. Wenn er es ganz anders gesehen hat, muss ich mich fragen, ob ich auf der völlig falschen Fährte bin. Vielleicht will er aber nur Politik machen, da hilft mitunter ein kleiner Kontrollanruf bei meiner Frau oder meinem ältesten Sohn.

»Schatz, ich hab leider nichts gesehen, Nicolas konnte nicht schlafen«, sagt Sandra.

»Okay, tschüs bis nachher«, sage ich.

»Und wie siehst du es, Jan?«, frage ich.

»Das Wetter war so gut, wir sind spazieren gegangen«, sagt er.

Das ist jetzt die lustige Variante. Die ernste ist, wenn man wie ein kopfloses Huhn quasselt. Dann ist es gut, wenn Frau oder Sohn zugeschaut haben und streng ermahnen: »Ihr scheint euch ja sehr wohl zu fühlen, aber zu Hause ist es eine Quälerei.« Oder wie ein Kollege beim ZDF früher sagte: »Der muss mit dem Arsch atmen, mit dem Mund jedenfalls nicht, denn er quatscht ja ständig.«

Ein gutes Beispiel für mögliche Verirrungen ist das Viertelfinale bei der WM 2002 zwischen Deutschland und den USA. Da habe ich mir Luft gemacht, weil ich die Leistung so erdenschlecht fand. »Spielerisch fällt das Ganze bei der deutschen Mannschaft unters Armenrecht«, habe ich in der ersten Halbzeit gesagt. »Wenn das deutsche Spiel in der ersten Halbzeit noch unter das Armenrecht fiel, so sind wir mittlerweile unter der Brücke gelandet, mit einem Hut davor«, habe ich später nachgelegt. Außerdem war es der Tag nach Fritz Walters Tod, und die Mannschaft hatte ihm einen möglichen Sieg gewidmet. Also wurde sein Bild eingeblendet, und ich musste darauf eingehen. Ich wollte sagen: »Ist Störung der Totenruhe nicht ein Offizialdelikt?« Aber das fand ich zu kompliziert und habe nur gesagt: »Er ruhe in Frieden.« Schluss, kein Wort mehr. Ich fand das gelungen, aber nach Schlusspfiff kam ein Anruf meiner Frau, die mich darauf aufmerksam machte, dass die Leute zu Hause auf den Stühlen gestanden und die Daumen für die deutsche Mannschaft gedrückt hatten. Das habe ich zunächst als Eingriff in meine Hoheitsrechte verstanden, konnte mich dem aber nicht wirklich verschließen. Der Gaul war halt etwas zu weit vorgeprescht.

Es gibt aber noch andere Hindernisse auf dem Weg zu einer angemessenen Bewertung eines Fußballspiels. Wohin soll man eigentlich gucken? Auf den Monitor, wo man das gleiche Bild wie der Fernsehzuschauer sieht? Nein, der Bildausschnitt auf dem Monitor ist zu eng, ich muss aufs Spielfeld schauen. Wobei etwa das Architektur-Denkmal Münchner Olympiastadion für einen Kommentator die Hölle ist. Auf dem Monitor sehe ich nur Micky-Mäuse, und mit bloßem Auge bleiben es Micky-Mäuse, weil der Platz so weit entfernt ist. Im Allgemeinen schaue ich heute nur noch dann auf den Monitor, wenn der Regisseur eine Zeitlupe ankündigt. Nach einem Tor gibt's fünf Zeitlupen, das ist klar. Aber nach einem Foul oder Abseits kündigt man mir das an. Wenn ich aber etwa in Italien reportiere, machen die Italiener ihre eigene Regie, und die dortigen Künstler hören nur auf ihre innere Musenstimme. Sie zeigen Bilder, wie sie es für richtig halten, und dann droht die Bild-Ton-Schere, weil ich etwas vom Geschehen auf dem Platz erzähle, was mit ihren bunten Szenen von den Tribünen nichts zu tun hat. Dann gucke ich auf den Platz, mein Assistent auf den Monitor, und er warnt mich, wenn Gefahr im Verzuge ist.

Nur noch selten schaue ich auf meinem so sorgfältig beschrifteten Notizzettel nach, doch ist es immer schön, die Welt nach dem Gucken noch so vorzufinden, wie man sie vorher verlassen hat. Manchmal allerdings verlässt einen das Glück, und auf dem Platz ist plötzlich der Teufel los. Nur, was eigentlich? Dann muss bis zur rettenden Wiederholung oder Zeitlupe geschwafelt werden. Deshalb ist es hilfreich, dass ich mir Mannschaften gut einprägen kann und so wenig wie möglich nachschauen muss. Selbst wenn ich ein Team lange nicht oder noch nie gesehen habe, brauche ich nicht länger als zehn Minuten, bis ich alle Spieler freihändig identifiziere. Dabei orientiere ich mich auch an der Position, wo eigentlich nur der rechte Verteidiger sein kann. Er mag vielleicht dem defensiven Mittelfeldspieler ähnlich sehen, hat aber längere Haare. Verwechseln will ich niemanden, selbst wenn es den Zuschauern bei Spielen ausländischer Mannschaften egal wäre. So viel Genauigkeit brauche ich schon für mich selbst.

Nach Abpfiff geht es bei den *Premiere*-Übertragungen in der Bundesliga für mich weitgehend schmucklos zu, denn zwei Minuten später ist alles vorbei. Bei einem

Champions-League-Finale hingegen heißt es, noch eine halbe Stunde zu feiern. Nach dem schönen Motto: »Hier wäre jedes Wort zu viel, ich möchte Sie mit diesen Bildern alleine lassen.« Der Vorsatz trägt genau zwölf Sekunden, weil man doch wieder das Wasser nicht halten kann. »Bilder sagen mehr als tausend Worte.« Und schon wird gesabbelt.

In jedem Fall bin ich nach einer Übertragung erschöpft. Mein Gezeter und Getue vor dem Spiel hat mich in den Tunnel geführt, den ich erst nach dem Abpfiff wieder verlasse. Danach möchte ich verbal auslaufen. Deshalb ist es schlecht, wenn ich direkt zum Flughafen fahre, dann bin ich erst im Auto mit mir allein, und am Flughafen ist niemand, den ich in ein Gespräch verwickeln kann. Gut ist es, wenn jemand im Auto hilflos am Gurt hängt und ich mich an ihm auslaufen kann. Und sei es nur, um darüber zu schwadronieren, dass die Bayern auf der linken Seite nicht so verschieben, wie sie sollten. Teilweise kann es auch über die Reportage selber gehen, denn es gibt schon Szenen, bei denen ich mich im Nachhinein frage, ob ich noch ganz bei Trost war. Etwa, wenn auf dem Platz der Doktorkoffer aufgeklappt wird und Dr. Reif ohne Stethoskop seine Ferndiagnosen stellt. Dann renken sie unten auf dem Platz die Schulter ein, nachdem ich gerade den Knöchel operieren lassen wollte. Und das würde ich gern weggesprochen haben, grundgereinigt in Zürich ankommen und die Arbeit so am Kleiderhaken aufhängen wie alle, wenn sie nach dem Job wieder zu Hause sind.

30 Schule des Reportierens

An der Sporthochschule in Köln habe ich zwischen 1995 und 2001 ein gutes Dutzend Mal mehrtägige Seminare unter dem Titel »Live-Kommentar im Fernsehen« gegeben. Als die Anfrage dazu kam, habe ich mich zunächst gefragt, was ich da eigentlich erzählen sollte. Man kann es, oder man kann es nicht, war meine erste Idee. Dann jedoch habe ich ein Gerüst gefunden, das im Wesentlichen aus zwei Begriffen besteht: Kompetenz und Sprache.

Kompetenz bedeutet jenseits des selbstverständlichen Grundwissens ein dauerhaftes und umfassendes Interesse. Dazu gehören für mich auch die Randbereiche des Fußballs. Wer steigt aus der 3. Liga ab? Warum ist Chievo Verona in Italien gerade gut oder ein anderer kleiner Verein? Was sind die Probleme von Atletico Madrid in Spanien? Wer wechselt innerhalb der Bundesliga? Wer ist Torschützenkönig der Regionalliga Nord? Das alles mag im Moment nicht wichtig sein, aber vielleicht brauche ich es doch einmal, wie das Beispiel der Bombendrohung im Highbury-Stadion gelehrt hat. Ich habe den Studenten außerdem gesagt, dass sie die Sportseite von A bis Z lesen sollen. Ich nehme selbst den Artikel über die 470er-Klasse im Segeln noch zur Kenntnis, auch wenn die Wahrscheinlichkeit minimal ist, davon etwas bei einem Fußballspiel zu brauchen.

Es gibt also verschiedene Raster, die umso feiner werden, je mehr ich mich meinem Sujet nähere. Das ist nicht kompliziert, es geht nur ums Sammeln und Auswerten. Neben dem allgemeinen Interesse gibt es die konkrete Vorbereitung auf das Spiel, das ich als nächstes zu kommentieren habe. Dazu habe ich die statistischen Informationen, die ich auf meiner Doppelseite verdichte. Auf dem

Weg ins Stadion kann einem der Taxifahrer noch hübsche Sachen erzählen. Die sollte man zwar nicht als Insider-Informationen missverstehen, geben aber gute Hinweise auf die Stimmung um einen Klub.

Das alles fügt sich zu einem Wissen, mit dem man für ein Spiel gewappnet ist und das man vielleicht kaum braucht. Wenn eine Partie wunderbar ist, wird sich das Geschehen nämlich fast wie von selber erzählen. Dazu bedarf es aber einer Sprache, die das Geschehen adäquat in Worte fasst. Unabdingbar dafür ist es, die Festplatte der eigenen Sprache von den Dingen zu säubern, die man nie hören möchte. Wenn man unter Stress gerät, besteht nämlich die Gefahr, sich zu vergreifen. Dagegen wappnet man sich durch eine generelle Aufmerksamkeit für Sprache, durch Lesen und das Bemühen, im alltäglichen Sprechen mit Freunden oder der Familie die Sprache so zu benutzen, wie ich es tun möchte, wenn mir Millionen Menschen vor dem Fernseher zuhören. Ich kann nicht zwei Sprachen in mir rumtragen, eine normale und eine fürs Mikrophon.

Man sollte sich also klarmachen, wer einem zuhört. Mancher Reporter versucht, mit einem Fachjargon den Trainer zu beeindrucken, der sich hinterher vielleicht das Video des Spiels noch einmal anschaut. Da kann es passieren, dass plötzlich »der Ball nicht mehr zirkuliert«. Er könnte es aber auch auf eine Weise sagen, dass seine Mutter es versteht: »Sie spielen nicht genug miteinander.« Ich möchte jedenfalls nicht, dass sich meine Mutter von einem Kauderwelsch für Spezialisten ausgeschlossen fühlt.

Selbst wenn heutzutage keine Stürmer mehr »auf dem rechten Flügel durchbrechen« oder »Granaten aufs Tor losgelassen« werden, gibt es weiterhin sprachliche Unsauberkeiten, denen man als Reporter den Kampf ansagen sollte. So jedenfalls habe ich es damals beim ZDF gelernt. Es gibt zum Beispiel keine Vizemeister, es ist jedenfalls kein Titel oder etwas, das man sich auf den Wimpel nähen darf, es gibt nur Tabellenzweite. Es gibt auch keine vier Siege »in Folge«, sondern nur hintereinander. Allerdings kann man infolge von vier Siegen hintereinander sehr selbstbewusst sein, aber besser doch nicht »auftreten«.

Sprachliche Moden sind insofern gefährlich, als sie schnell zu Marotten verkommen. Der fußballtaktische Begriff der »Zuordnung«, den man durchaus hier und da verwenden darf, meint eigentlich nichts anderes als eine feste Zuteilung von Spielern, die bei einem Freistoß oder einer Ecke ihren Gegner bewachen sollen. Doch plötzlich war in fast jeder Situation zu hören: »Die Zuordnung stimmt nicht.« Es stimmt aber der Begriff nicht.

Es gibt Wörter, gegen deren Benutzung wenig einzuwenden sein mag, die ich aber nicht schön finde. »Direktabnahme« etwa klingt mir zu sehr nach Direktversand und Produktionsabnahme. Schnell sind Metaphern ausgetreten, wenn sie epidemisch eingesetzt werden. Vor gar nicht langer Zeit waren plötzlich alle irgendwo »angekommen«, Trainer bei Vereinen, Klubs in Ligen und Spieler in Nationalteams. Es war ein Ankommen auf überfüllten Bahnsteigen.

Die Aufmerksamkeit der Sprache gegenüber ist deshalb wichtig, weil all die Dinge nach oben schwappen, bei denen ich im Alltag schludere, sobald auf dem Rasen etwas Unvorhergesehenes passiert. Dann wird plötzlich die Stimme tiefer, bedeutender, und man beginnt herumzuschwadronieren. Wenn ich schon im Alltag auf eine Sprechdisziplin achte, wird sie irgendwann auch am Mikrophon keine Mühe mehr machen. Wer dahin kommt, kann frei sprechen.

Davon abgesehen wird es jedoch weiterhin Moden des Kommentierens geben. Etwa in der Frage, ob man bei der Deutschen Nationalmannschaft chauvinistischer oder mit weniger nationalem Impetus kommentiert. Ob es lauter oder leiser zugeht. Eine Zeit lang wünschen sich viele Sender, dass die Reporter eher ruhiger daherkommen, dann wieder überwiegt das Bedürfnis nach reiner Emotion. Mancher Reporter wird merken, dass er an Grenzen stößt. Man kann Dinge schulen und schleifen und polieren, aber man wird nicht der engagierte oder laute Kommentator, wenn man vorher einer der ruhigen war oder umgekehrt.

Für mich stellt sich die Frage nicht, ob die Kollegen früher besser waren oder wir heute. Wenn ein Reporter in seiner Zeit den Ansprüchen gerecht wird, ist er gut. Heribert Faßbender, auf dem gern herumgeprügelt worden ist, war zu seiner Zeit richtig gut. Man muss nur darauf reagieren, wenn sich der Geschmack und die Wünsche des Publikums ändern. Rudi Michel etwa habe ich als Fernsehzuschauer während der Weltmeisterschaft 1966 in England erlebt, ohne seine Arbeit als Reporter groß zu reflektieren. Ich fand ihn instinktiv gut, und als ich es mir später noch einmal bewusster angehört habe, waren für mich Qualitäten zu erkennen, die mir heute wichtig sind. Schweigen zu können gehört dazu und etwas präzis zu sagen und danach nicht mehr rumzuflattern, sondern es dabei zu belassen. Ernst Huberty, der auf eine sehr distanzierte und zurückgenommene Art kommentiert hat, konnte Momente gut zuspitzen. »Schnellinger. Ausgerechnet Schnellinger«, sagte er bei der WM 1970, als Schnellinger, der damals beim AC Mailand spielte, gegen Italien im Halbfinale traf. Die Sache ist dramatisch genug, warum sollte man noch brüllen?

Ich habe mich nie gefragt, wie ich Michel oder Huberty

imitieren kann. Und kein junger Reporter sollte sich die Frage stellen, wie er mich oder andere Kollegen nachahmen kann. Über 90 Minuten eines Fußballspiels geht das nicht, weil man da verlieren muss. Aber die Arbeitsweise der Vorgänger zu verinnerlichen, war für mich schon wichtig. Auch Dieter Kürtens Art, Emotionales und die Geschichte des Helden näher zu bringen. Und das in einer Sprache, die mit Subjekt, Prädikat, Objekt gesegnet war.

Bei den Seminaren haben meine Studenten praktische Proben gemacht. Dazu durften sie fünf Minuten eines Spiels vom Video kommentieren, auf das sie sich anhand meiner Vorbereitungspapiere einstellen konnten. Zuerst merkt man bei diesen Übungen, ob jemand eine Stimme hat. Allerdings kann daran mit Atemtraining und Spracherziehung noch am ehesten gearbeitet werden. Entscheidend hingegen ist, ob der Mann oder die Frau am Mikro ein Gefühl für das haben, was wichtig oder unwichtig ist. Und dazu bedarf es eben einer Kompetenz in der Sache.

Leider sind die Sender so sehr mit dem Senden beschäftigt, dass bei den Übertragungen noch geübt wird. Das ist nicht so besonders amüsant für den Zuschauer, wie die hoffentlich kleine Zahl von Zusehern weiß, die meinem ersten Eishockeyspiel bei 3sat beizuwohnen die Qual hatte. Doch auf diese mitunter für alle schmerzhafte Weise des Learning by Doing stellt sich irgendwann Routine als Faktor ein. Ich habe inzwischen rund 500 Fußballspiele live reportiert, so viele wie wahrscheinlich sonst niemand deutscher Sprache. Dabei mag ein gewisser Bestand an Fehlern und Fehlleistungen zusammengekommen sein, aber der Ehrgeiz ist geblieben, keinen Lapsus mehrfach zu machen. Solange es zudem gelingt, dass die Routine nicht die Neugier erschlägt, hat der Reporter gewonnen. Und der Zuschauer auch.

31 Distanz und Respekt

Während der Streitigkeiten mit Borussia Dortmund wurde 1996 auch der Vorwurf erhoben, ich würde nicht mit den Spielern sprechen. Es stimmt: Ich spreche nicht mit Spielern. Oder nur mit wenigen, die ich irgendwann einmal kennen gelernt habe. Aber was sollte ich mit ihnen bereden? Welche Informationen können sie mir geben, die mir bei einer Reportage helfen würden? Soll ich sie fragen, ob etwaige Gerüchte über interne Querelen stimmen? Darüber wird keiner von ihnen reden wollen, wie niemand die Arbeit des Trainers kommentieren oder seinen letzten großen Fehler besprechen möchte. Ich könnte natürlich über das Zusammenspiel im Mittelfeld oder seine Betrachtung des Defensivspiels schwatzen. Wir könnten die Lebensgeschichte eines Spielers durchgehen oder gemeinsam über das Leben nachsinnen. Aber ich schreibe keine langen Hintergrundartikel, sondern habe 90 Minuten Fußball zu kommentieren.

Mein Abstand zu den Profis hat nichts mit Arroganz zu tun, denn ich schätze gute Fußballspieler über die Maßen. Doch die Informationen, die mir bei meiner Arbeit helfen, bekomme ich eher von den Trainern. Da geht es um ihre Taktik oder wie sie ein Spiel anlegen möchten. Doch nicht einmal das Gespräch darüber ist für meine Arbeit zwingend notwendig, und dieser Umstand verschafft mir eine luxuriöse Position: Ich kann Distanz wahren.

Diese zu halten scheint in unserer Branche ein Problem zu sein. Wir sind alle notorisch jung, und selbstverständlich ist jeder von uns ein verhinderter Nationalspieler. Die Beschäftigung mit Fußball ist kindlich – hoffentlich ist sie das. Nur sorgt dieser Umstand offensichtlich dafür, dass die Grenzen zwischen denen, die berichten, und jenen, über die berichtet werden soll, schnell verschwimmen. Kein politischer Journalist käme auf die Idee, Politiker per se zu duzen. Kein Literaturkritiker würde Günter Grass einfach duzen und kein Feuilletonist einen Filmregisseur. Das gibt es nur beim Sport mit seiner fröhlichen Duzkumpanei.

Das Duzen mag noch eine lässliche Sünde sein, abwegiger finde ich schon, die Weihnachtsfeier eines Klubs zu moderieren, über den ich berichte. Dann müssen die Verantwortlichen anschließend glauben, dass ich zur Entourage gehöre, und sie werden sich zu Recht wundern, wenn ich sie im Fall einer sportlichen Krise oder wegen ihrer Transferpolitik scharf kritisiere. Das ist eine Falle, in die wir Journalisten nicht tappen sollten, so unverfänglich sie auch erscheinen mag. Aus diesem Grund würde ich nie Werbung für Sportartikel machen. Ich möchte mich nicht dem Vorwurf aussetzen, und sei er noch so hanebüchen, dass ich die Mannschaft in den Nike-Schuhen negativer bewerte, weil ich einen Adidas-Vertrag habe. Ich muss auch nicht zum Kaffee eingeladen werden oder zur Reise ins Trainingslager. Ich kann meinen Kaffee selber bezahlen, wenn ich mit einem Trainer rede, und wenn ich einen Klub begleite, muss das mein Arbeitgeber übernehmen.

Es geht bei dieser Art von Distanz darum, kein kontaminiertes Gelände zu schaffen. Genau das passiert, wenn unterschiedliche Interessen nicht klar voneinander getrennt sind. Journalistische Distanz sollte aber auch mit Respekt einhergehen. Mein Beitrag dazu ist, mich ordentlich auf ein Spiel vorzubereiten und mein Urteil unabhängig von persönlichen Verstrickungen zu fällen. Zu diesem Respekt gehört es, die Protagonisten nicht auf dem Altar der nächsten Pointe zu opfern. Ich habe während einer Übertragung mal über Jürgen Kohler gesagt, als er den

Ball zwei Meter in Richtung seines Mitspielers kickte und der Ball im Aus landete: »Für seine Verhältnisse ein guter Pass.« Das mag ein mediokrer kleiner Lacher gewesen sein, war aber vor allem plump und ärgert mich im Nachhinein. Solche Respektlosigkeit passiert, wenn man sich an seinem eigenen Gequatsche berauscht.

Umgekehrt verlange ich allerdings, dass man meiner Arbeit mit Respekt begegnet. Für mich ist das Verhältnis zu Ottmar Hitzfeld in dieser Hinsicht beispielhaft. Ich respektierte seine Arbeit, er meine, und auf dieser Grundlage brauchen wir kaum darüber zu sprechen. Ich würde ihm keine Fragen stellen, die er nicht beantworten könnte. Nicht nach internen Vorgängen, nicht nach intimen persönlichen Dingen. Allem anderen in Sachen Fußball muss er sich sehr wohl stellen. Es geht nicht um schwierige und noch so kritische Ansätze, es geht lediglich um die unmöglichen, ungehörigen. Eine Kleinigkeit nur, aber zum Beispiel frage ich ihn vor Spielen nicht, welcher Verteidiger welchem gegnerischen Angreifer bei Standardsituationen zugeteilt ist. Denn so könnte ich, mit dem Segen des Trainers, den Schuldigen an einem Gegentor benennen. Vielleicht bekäme ich sogar Antworten auf diese Fragen, aber ich möchte kein Geheimnisträger sein. Denn so kann ich ohne Probleme kritisieren, ob es nun bei einer Auswechslung ist oder bei dem, was ich für einen taktischen Fehler halte. Und wer bei einer Ecke gepatzt hat, sollte ich sowieso selbst erkennen. So wird Hitzfeld sich von mir nie verraten vorkommen, um ich muß ihm keine Freundschaftsdienste leisten. Mein englischer Kollege Clive Tyldesley von ITV hat ein ähnliches Verhältnis zu Alex Ferguson von Manchester United wie ich zu Hitzfeld. Wenn ich Tyldesley danach frage, sagt er: »Er ist misstrauisch, aber wenn er einmal deine Arbeit akzeptiert hat, dann ist ein Grundrespekt da, und man kann mit ihm über vieles reden.«

Respekt ist also einer der zentralen Begriffe, wenn wir über Fußballjournalismus sprechen. Die Wett-Rangliste etwa, welcher Trainer als erster in der Saison entlassen wird, finde ich armselig und respektlos. Welcher Reporter fliegt als erster? Welcher Journalist fällt als nächster der Zeitungskrise oder einer Senderfusion zum Opfer? Fänden wir es lustig, so etwas über uns lesen zu müssen? Offensichtlich scheinen wir uns aber auf Nebensächlichkeiten zu konzentrieren. Als Giovanni Trapattoni nach München kam, habe ich ihn nach ein paar Wochen in einem Interview gefragt, wie er mit der Situation in der angeblich so schwierigen Medienstadt München fertig würde, an der andere Trainer gescheitert waren. Trapattoni war über die Frage nachgerade erheitert und sagte, dass er es nirgends so leicht gehabt habe. In Italien kämen nach einem Spiel zehn Journalisten und wollten taktische Fragen diskutieren. Warum ist die Partie so gelaufen? Warum hat er diesen oder jenen Spieler eingesetzt? Welche Aufgabe hatte er einem Spieler übertragen, und hat dieser sie bis zum Abpfiff wirklich erfüllt? In Deutschland hingegen könne er sich mit ein paar Floskeln begnügen, und niemand würde nachfragen. Ein vernichtenderes Urteil hätte Trapattoni über unsere sportjournalistische Kultur nicht fällen können.

Bei der *Gazetta dello Sport*, der größten Sportzeitung Italiens, sind von 30 Seiten stets 28 Seiten lustig aufgeschäumtes Zeug, das nicht wirklich wichtig ist. Es füllt das Blatt und hilft dem Menschen morgens vom Espresso bis zum Glas Wasser. Alles ist denkbar, alles ist machbar, und Vieri wechselt wahrscheinlich in den Himmel. Die verbleibenden zwei Seiten aber sind absolut lesenswert, wenn man Dinge im Fußball sehen, verstehen, nachvollziehen möchte. Da wird scharfsinnig und klar über Fußball geschrieben, wie es bei uns selten ist. Selbstverständlich gibt es auch in Deutschland eine Berichterstattung, die höheren Ansprüchen genügt, etwa in den überregionalen Tageszeitungen, doch insgesamt gibt es eine Tendenz zum Spektakel.

Das mit dem Respekt gilt allerdings auch in der umgekehrten Richtung. Wenn mir ein Trainer die Geschichte eines Spiels erzählt, das außer ihm so niemand im Stadion gesehen hat, gibt es zwei Probleme. Erstens, dass er es tut, und zweitens, dass er glaubt, ich nähme es ihm ab. Das Zweite ärgert mich viel mehr. Denn es beschreibt, was er von mir hält. Er glaubt offensichtlich, dass ich das Spiel nicht verstanden habe und mir deshalb sein Reden darüber zu Eigen mache. Das ist so respektlos wie kalkulierte oder unkalkulierte Wutausbrüche gegenüber Reportern. Rudi Völlers legendäre Käse & Mist-Eruption mag zwar äußerst mannschaftsdienlich gewesen sein, zeugte allerdings von einer Menge Verachtung gegenüber dem journalistischen Gewerbe und dessen Aufgabe.

Wenn ich den Geschichten glauben darf, die mir Dieter Kürten oder andere Kollegen beim ZDF erzählt haben, war etwa Hennes Weisweiler der nicht unbedingt ausgeglichenste Mensch der Welt. Der Gladbacher und Kölner Meistertrainer konnte sehr aufbrausend sein, aber wie er oder Nationaltrainer Helmut Schön mit Journalisten geredet haben, zeugte von mehr Respekt. Vielleicht ist es mit der Medienarbeit heute einfach zu viel geworden, aber darauf müssen sich Trainer und Spieler einstellen, sie bekommen schließlich deutlich mehr Geld als Weisweiler früher. So mühsam es sein mag, verlange ich von Trainern, dass sie individuell mit Journalisten umgehen. Sie sollten zwischen denen zu unterscheiden suchen, die sauber ihren Job machen, und jenen, die provozieren wollen oder gezielt Unwahrheiten verbreiten. Dabei sind sie nicht so hilflos, wie sie manchmal tun. Wenn 30 Journalisten bei einer Pressekonferenz sind und einer stellt eine dumme Frage, ist es durchaus erlaubt zu sagen: »Das ist eine dumme Frage, die nächste bitte.«

Fußball ist eine Publikumsveranstaltung, Medien sind Mittler zum Publikum. Das bedeutet aber noch lange nicht, dass wir im gleichen Boot sitzen. Auf den Booten der Spieler, der Trainer und Vereinsvorstände gibt es andere Interessen als auf denen der Journalisten. Das sollte sich jeder Berichterstatter klarmachen, der die notwendige Distanz aufgibt und meint, auf dem anderen Kahn mitrudern zu wollen. Allerdings sind wir alle auf dem gleichen See unterwegs, und da gebietet der Respekt, sich nicht gegenseitig zum Kentern zu bringen.

32 Die Versuchung

Meine wundersame Karriere als Quizmaster begann im Juni 2002 am Strand von Sardinien. Ich war mit meiner Familie zu einem weiteren schönen Urlaubstag gerade ans Meer gezogen, als das Telefon klingelte.

»Guten Tag, hier ist KirchMedia Entertainment«, meldete sich ein freundlicher Herr, und ich dachte, meine Arbeitgeber wollten, dass ich irgendwo für sie auftrete. Ich war schon damit beschäftigt, mir eine Ausrede zurechtzulegen, als ich hörte: »Wir wollen da eine Quizshow machen und Sie fragen ...«

»Das finde ich ganz prima«, wehrte ich gleich ab, »aber

Sie kennen doch die Quizshow von Herrn Jauch? Ich kenne sie auch, und weil die so gut ist und so viel Erfolg hat, finde ich, sollten wir es einfach dabei belassen.«

»Nein, wir müssen noch mal reden! Es ist ein ganz anderes Format, sehr viel einfacher«, sagte die Stimme am Telefon.

»Aber Sie wollen mich doch als Quizmaster? Günther Jauch ist ein Freund von mir, und gegen ihn anzutreten bin ich nicht gewillt«, sagte ich und versuchte meinem Gesprächspartner zu erklären, dass es mich auch früher nicht vor die Kamera gedrängt hatte.

Viele Kollegen beim ZDF hatten die Vorstellung, dass man mit 30-Sekunden-Filmchen anfängt, sich zu Dreiminütern hochdient, dann Features von einer halben Stunde macht, mal ein Fußballspiel live kommentiert und danach Moderator des »Aktuellen Sportstudios« wird. Alle Schritte dieser Evolution hatte ich absolviert, nur den letzten nicht. Für mich stellte sich die einfache Frage: Warum soll ich etwas machen, was andere besser können? So gut wie Dieter Kürten, Harry Valerien oder Günther Jauch hätte ich es nicht hinbekommen. Also gab es eine Art Grundsatzentscheidung, nicht vor der Kamera aufzutreten, selbst wenn ich mich daran nicht sklavisch hielt. Als bei einer Ski-WM ein Moderator ausfiel, musste ich im Studio den Gastgeber mimen, und genauso habe ich mich gefühlt. Es wirkte nie locker, auch wenn ich erst gelitten habe, als ich es mir hinterher anschaute.

Das alles erzählte ich dem Mann am Telefon, aber er ließ nicht locker. Und weil er ganz nett war und die Sonne so schön schien, bat ich ihn darum, eine Stunde später noch mal anzurufen. Ich sprach mit meiner Frau über seinen Vorschlag, und sie fand, ich sollte es mir zumindest genauer anhören. Eine Stunde später sagte ich dem Mann am anderen Ende: »Passen Sie auf, wir machen eine Wette. Aber nur, weil ich gut gelaunt bin, weil es Sommer ist und der Kalender noch nicht mit Terminen zugepflastert. Wir probieren es einfach mal aus. Sie kümmern sich so um mich, dass ich einen Tag lang Spaß habe, und dabei werde ich Ihnen nachweisen, wie horrend Sie mit Ihrer Vorstellung danebenliegen.«

Der Mann war begeistert, und wir machten einen Termin für Mitte Juli aus, denn sie wollten ihr neues Produkt auf der Programm-Messe in Düsseldorf vorstellen. Eigentlich ging es aber nicht nur um dieses Programm, sie wollten mich gleich als neues »prägendes Gesicht« von SAT.1 präsentieren. Das Quiz sollte nämlich an jedem Wochentag laufen, und Senderchef Martin Hoffmann, so berichtete mir der Mann am Telefon, sei von der Idee entzückt, denn ich sei einer mit Ecken und Kanten. »Sandra, Ecken und Kanten, merk dir das«, sagte ich zu meiner Frau.

Wir gingen weiter unserem Strandleben nach, als am nächsten Tag das Telefon erneut klingelte und diesmal Sebastian Hellmann am Apparat war. Sebastian ist fast so was wie ein Schützling von mir, ich hatte ihn als Sportchef zu RTL geholt und zu *Premiere* war er mitgegangen. Dort moderiert er sehr schön, und gelegentlich telefonieren wir miteinander, wenn ihn der Schuh drückt. »Wir beide machen doch diesen Piloten, wo sie Moderatoren für diese Quizshow bei SAT.1 testen …«, setzte er an, und ich erzählte ihm, dass ich zwar angerufen worden sei, aber schon abgesagt hätte. Das war zwar eine glatte Lüge, aber er war erleichtert und ich ziemlich wütend.

Bei der Absprache hatte ich nämlich wieder einmal auf völligem Stillschweigen bestanden und Tod und Teufel für den Fall angekündigt, dass es gebrochen würde. Also rief ich in München an und teilte mit, das Thema habe sich erledigt. Am nächsten Morgen jedoch war wieder mein Telefon-Freund von KirchMedia Entertainment am Apparat, entschuldigte sich wortreich und versuchte, die Überredung fortzusetzen. Ich sagte: »Ich habe mal eine junge Frau getroffen, auf deren T-Shirt stand: ›So, what part of no don't you understand?‹ Also: Ich mache keinen Testwettstreit mit 20 Jahre jüngeren Kollegen.« Ich habe es ihm genauer zu erklären versucht und dann noch nachgelegt. »Wir können gerne den Parcours der Hindernisse abschreiten, das macht man schließlich bei jedem Springturnier so. Eigentlich sind wir durch die Indiskretion schon am ersten Oxer gescheitert, aber wir haben hier noch viele weitere Hindernisse im Weg stehen. Ich bin nämlich für meinen Bedarf völlig ausreichend berühmt, schöner werde ich als Quizmaster auch nicht. Außerdem habe ich schon mal eine Ehe an die Wand gefahren, weil ich zu viel Job wollte. Und jetzt zeige ich Ihnen Pulvermanns Grab. Das ist beim Deutschen Springderby in Hamburg das gefürchtetste Hindernis, und ein hübsches Wortspiel ist es zudem, denn es geht um Geld.«

Ich hatte mich etwas in Rage geredet und hörte mir nun selber dabei zu, wie ich eine derart phantastische Summe forderte, dass ich mir sicher war, er würde sofort auflegen. »Bisher war ich auf dem Ticket des Fußballfuzzis unterwegs, dem man noch mehr zutraut. Das gefällt mir sehr gut. Wenn ich Ihnen aber jetzt folge, werde ich der Fußballfuzzi sein, der sich übernommen hat. Da es vom Publikum mit ziemlicher Sicherheit so gesehen wird, brauche ich so viel Schmerzensgeld, dass ich jedem sagen kann: Ich bin zwar der Depp der Nation, aber ein sehr gut bezahlter.«

Das leuchtete ihm ein, und damit war das Thema für

mich eigentlich erledigt. Ich ging mit den Kindern im Wasser planschen, hatte aber zugegebenermaßen dieses Männchen im Hinterkopf, das sagte: Wenn sie es jetzt immer noch machen wollen, musst du es machen. Und ich musste mir eingestehen, dass bei allen Grundsatzentscheidungen ab einer bestimmten Summe wohl auch ich verführbar war. Aber ernsthaft davon ausgegangen bin ich nicht, bis eine Stunde später Senderchef Hoffmann selbst am Telefon war. »Ich freue mich, dass Sie bereit sind, diese neue Herausforderung ...« –

»Herr Hoffmann, ganz langsam. Ich finde es sehr honorig, dass Sie sich jetzt selber melden. Nur Sie haben meine Bedingungen ...«, sagte ich.

»Doch, das kriegen wir alles hin«, antwortete er.

Ich konnte es kaum glauben, denn ich hatte nicht einmal gepokert. Ich hatte sie nicht auf den Arm nehmen wollen, ich fühlte mich selbst auf den Arm genommen. Und als mir Martin Hoffmann klarmachte, dass da scheinbar ein ganz starker Arm war, dachte ich: Setz dich halt drauf. Es war kein Spiel, bei dem ich mich bewusst lächerlich machen wollte. Da ich nicht nur Freunde habe, war mir völlig klar, dass einige sich den Spaß nicht entgehen lassen würden, den Quizmaster Reif zu Carpaccio zu verarbeiten. Doch angesichts des unglaublichen Angebots würde ich mannhaft sogar den Vorwurf ertragen, das Schlimmste abgeliefert zu haben, das je über deutsche Bildschirme geflimmert ist.

Sie hatten mich in Versuchung geführt, und ich war drauf und dran, ihr nachzugeben. Dreißig Berufsjahre lang hatte ich in ehernen Lettern vor mir hergetragen: Nein, niemals werde ich eine Showtreppe hinunterlaufen! Nein, niemals werde ich etwas tun, das ich nicht mindestens so gut kann wie andere! Nein, niemals werde ich mich zum Deppen machen! Und jetzt wollte ich alles verkaufen.

Zunächst fuhr ich drei Wochen später zur großen Geheimoperation nach Berlin. Ich wurde an der Pforte unter falschem Namen ins Tagesbuch eingetragen und von groß gewachsenen Menschen durch die Gänge bei SAT.1 geführt, sodass mich niemand sehen konnte. Die Testkandidaten mussten Vertraulichkeitserklärungen unterschreiben, und der Hauskanal, auf dem man normalerweise in alle Studios schauen kann, blieb schwarz.

»Zehn« war der Titel der Sendung, es ging um zehn Fragen, zehn Antwortmöglichkeiten und die mögliche Verzehnfachung des Gewinns. Ich saß als Quizmaster dem jeweiligen Kandidaten gegenüber in einem Bühnenbild, das sehr an Günther Jauchs Quiz erinnerte. Insgesamt machte ich an zwei Tagen drei Probesendungen, und gleich die erste war eine Katastrophe. Ich hatte zwar einen guten Fernsehcoach an die Seite gestellt bekommen, fühlte mich aber nicht wohl. Es wirkte hölzern, und die Bänder hätten gleich gelöscht werden können. Nach dem zweiten Durchlauf brach aber spontane Begeisterung aus. »Wir haben es doch gewusst«, sagten sie im Studio, und ich muss zugeben, dass anschließend das süße Gift seine verbrecherische Wirkung tat. Sie hörten mit den Belobigungen nicht auf, und meine skeptischen Nachfragen wurden alle vom Tisch gewischt. Schlummerte in mir etwa ein Jauch?

Als ich nach Hause kam, sagte ich zu Sandra: »Die Situation ist da, sie wollen das machen.« Wir diskutierten darüber, dass ich bis 2006 neben den beiden Fußballspielen pro Woche für *Premiere* fast jeden Tag zur Aufzeichnung einer Quizshow ins Studio fahren müsste. Als freien Tag würde es nur den Sonntag geben, aber da auch andere

Männer morgens zur Arbeit gehen und erst abends wiederkommen, war das Elend überschaubar. Nur wollte SAT.1 in München produzieren, und damit war ich nicht einverstanden. Ich war weder bereit, die ganze Woche aus Zürich weg zu sein, noch mit der Familie nach München umzuziehen. In Zürich also oder gar nicht. Das war insofern eine Hürde, als die Schweiz nicht EU-Mitglied ist, was alles verteuerte. Ich hatte also hinter Pulvermanns Grab noch eine zweifache Kombination aufgebaut.

Bei einem Treffen in München sollte das besprochen werden, doch vorher rief ich eine Nummer in Potsdam an und sagte: »Pass auf, Kollege Jauch, zieh dich warm an.« Ich erzählte ihm die Geschichte, und er brach in sardonisches Gelächter aus. Dann erzählte ich ihm, wie das entlohnt werden sollte, und das Gelächter ebbte langsam ab. »Dann, mein Freund«, sagte die Stimme aus Potsdam, »musst du es machen.« Also fuhr ich zum entscheidenden Treffen mit Martin Hoffmann in die Zentrale von KirchMedia Entertainment, und bald waren wir uns weitgehend einig. Er war überzeugt davon, das Problem des Produktionsstandorts klären zu können, und brachte dann noch eine andere Idee vor. Eine Woche später stand der Saisonauftakt in der Bundesliga an. Das erste Spiel, am 9. August zwischen Borussia Dortmund gegen Hertha BSC, sollte parallel in *Premiere* und bei SAT.1 übertragen und auf beiden Sendern von mir kommentiert werden.

Am Mittwoch nach dem Bundesligastart rief mich Herr Hoffmann an, um mir stolz mitzuteilen, dass er den Produktionsstandort Zürich durchgesetzt hatte. Er wollte in den kommenden beiden Tagen nur noch Details am Vertrag festlegen. »Dann treffen wir uns zu einem schönen Abendessen und machen alles klar«, sagte er. Vergnügt und bewegt schaute ich meinem neuen Leben als Quizmaster entgegen.

Freitags fuhr ich in die Stadt, um – welch tiefere Bedeutung in diesem Umstand liegen mag? – eine Buddha-Statue abzuholen, die sich meine Frau unbedingt auf ein Sideboard stellen wollte. Im Laden klingelte das Handy.

»Kann ich Sie mit Herrn Hoffmann verbinden?«, fragte eine Sekretärin.

»Ja, selbstverständlich!«, sagte ich, immerhin war es mein neuer Freund Herr Hoffmann, und ging vor die Tür.

»Herr Hoffmann, wie geht es Ihnen?«

»Nicht gut«, sagte er.

»Herr Hoffmann, sind Sie krank?«

»Nein, aber es ist alles aus.«

Ich möchte mich auf den Wortlaut nicht festlegen, aber er klang so, und die Botschaft entsprach dem.

»Wir haben gestern vor ausgewähltem Publikum einen Screen-Test gemacht«, erklärte er, und seiner Stimme nach war er dem Leibhaftigen begegnet. Das wiederum lag daran, dass die Zuschauer offensichtlich reagiert hatten, als hätten sie den Leibhaftigen gesehen. Oder um es kurz zu machen: Marcel Reif als Quizmaster war beim Publikumstest mit Pauken und Trompeten durchgefallen.

Ich spürte einen leichten Hauch von Enttäuschung, weil ich in diesem Moment eine Menge Geld hinwegwehen sah. Ich habe zum Geld eigentlich kein Verhältnis des Sammelns, sondern sofort eine Idee davon, was ich mir damit kaufen könnte. Und so hatte ich gesehen, wie ein schöner Pool für die Kinder im Garten ausgehoben wurde. Doch nach diesem Moment war ich mannhaft und sagte: »Herr Hoffmann, nehmen Sie's nicht persönlich und seien Sie doch nicht so erschüttert.« – »Ja«, sagte er noch, »wir müssen das unbedingt persönlich besprechen.«

Anschließend hat das kommende »prägende Gesicht« von SAT.1 nie mehr von ihm gehört. So kann man miteinander umgehen, muss man aber nicht. Die Kollegen von KirchMedia Entertainment haben mir noch ein Briefchen geschrieben, in dem sie das Nichtzustandekommen der Quizshow mit mir zutiefst bedauerten, weil auch ihre Ehefrauen zu Hause begeistert gewesen seien. Sie halten mich nach wie vor für einen richtig guten Moderator.

Da war der schöne Pool aber schon längst trockengelegt, und das Thema hatte begonnen sich in einen Witz zu verwandeln. In eine völlig abstruse Geschichte, die viel über den Zustand des Fernsehens erzählt. Zwar wurde fantastischer Aufwand getrieben, trotzdem war es unglaublich unprofessionell. Menschen, deren Beruf es ist, sich mit den Möglichkeiten und Chancen von Sendungen und ihren Präsentatoren zu beschäftigen, hatten sich gegenseitig eingeredet, dass ich der neue Superstar sei. Einfach, weil ihnen die Idee so gut gefiel. Weil ich nicht einer aus der Garde war, die schon ewig auf diesem Karussell sitzt, von SAT.1 zur ARD geht, vom ZDF hierhin oder dorthin. Den Fußballfuzzi in neuer Rolle hatten sie für die notwendige Überraschung gehalten. Sie träumten vom neuen Gesicht mit Ecken und Kanten, bis sie es ihrem Publikum zeigten, das vor lauter Ecken und Kanten verzweifelt den Notausgang suchte.

Die Zuschauer wollten mich anscheinend nicht anders sehen, sondern weiterhin in meiner Rolle. Das war nicht weiter schlimm, nur hätte man es schon weit früher klären können. Und hätte es doch eines Piloten bedurft und nicht nur einer Umfrage, hätte man den Test gleich anschließend machen können, sich viel Arbeit, etliche Verhandlungen und bares Geld sparen können. Böse wäre ich niemandem gewesen, schließlich hatte ich von Beginn an die Wette gehalten. Unterwegs hatten mich die Unterhaltungsprofis allerdings wirklich fast vom Gegenteil überzeugt, denn wem hätte ich glauben sollen, wenn nicht den Leuten, deren Beruf das ist. Ich war der Versuchung erlegen – der Sündenfall aber blieb mir erspart. Je ferner meine kurze Karriere als Quizmaster zurückliegt, umso abstruser erscheinen mir ihre Umstände und umso glücklicher bin ich, dass es sie nie gegeben hat.

33 Zu Gast

Der Grimme-Preis ist vielleicht nicht die glamouröseste Auszeichnung in Deutschland, aber eine besonders ehrwürdige, das Wimbledon unter den Fernsehpreisen, wie Kollege Jauch zu sagen pflegt. 2002 wurde er mir zugesprochen, und ich hatte zur Preisverleihung im Theater von Marl schon meinen Platz eingenommen, als Senta Berger auf ihren, direkt vor mir, zusteuerte. Beim Hinsetzen musste sie sich ein wenig zur Seite drehen, um ihren Klappsitz herunterzudrücken, sah mich und sagte: »Guten Abend, Herr Reif.« Senta Berger, was für eine tolle Frau, dachte ich. Links neben ihr saß Götz George und drum herum eine Reihe weiterer großer Schauspieler, Regisseure und Autoren.

Zu Preisverleihungen gehe ich nur, wenn ich selbst ausgezeichnet werde oder ein Freund mich darum bittet, weil er gepriesen wird. Doch bei aller Freude über die Ehrung fühlte ich mich in Marl nicht nur wohl. Die Begrüßung von Senta Berger hatte etwas Kollegiales und erinnerte mich daran, Mitglied in einem imaginären Klub zu sein. Für diesen Klub gibt es keine Mitgliedsanträge, man kann sich um Zugehörigkeit nicht bewerben, irgendwann gehört man einfach dazu, wenn man bekannt genug ist. Es ist der Klub der Prominenten. Ich halte die Mitgliedschaft nicht für ehrenrührig, aber ich könnte auch gut ohne sie auskommen. Ich meide die Öffentlichkeit nicht, kann aber wenig damit anfangen, auf einer Party den ganzen Abend über Smalltalk führen zu müssen. Spätestens seit den Erfahrungen bei meiner Ehescheidung lege ich überhaupt keinen Wert darauf, dass Privates öffentlich verhandelt wird. Und werde ich um ein Autogramm gebeten, gebe ich das zwar gern, hoffe aber zugleich, dass niemand zuschaut.

Dabei verschafft einem die Mitgliedschaft immer wieder interessante Begegnungen. Als ich zu einer Talkshow des RBB nach Berlin eingeladen wurde, war dort auch Claus Peymann zu Gast, der Intendant des Berliner Ensembles. »Ich bin vor allem Ihretwegen gekommen«, sagte er, »ich möchte mich mit Ihnen über Fußball unterhalten.« Also haben wir nach der Sendung über Werder Bremen geredet, weil das sein Klub ist. Es gibt einige Leute wie Peymann, die gern jemanden aus der Welt des Fußballs treffen, weil sie endlich das diskutieren können, was ihnen auf der Fan-Seele liegt. Inzwischen verbergen auch Intellektuelle ihre Begeisterung für Fußball nicht mehr, und es gefällt mir, dass sie sich bei mir gut aufgehoben fühlen.

Ich redete gerne mit Peymann, weil er wirkliches Interesse hatte, drehte den Spieß aber nicht um. Ich fragte ihn weder nach Brecht noch zur Berliner Kulturpolitik. Natürlich hätte mich manches interessiert, aber ich müsste dann mehr Zeit haben und eine Schleuse durchschreiten. Ich müsste sicher wissen, dass der andere das auch möchte. Doch bis ich das weiß, ist die Gelegenheit meistens auch schon vorbei. Außerdem kenne ich mich in der Berliner Kulturszene nicht so gut aus, wie er sich mit Werder Bremen. Ich möchte mich auf Augenhöhe unterhalten können, alles andere finde ich unpassend. In diesen Situationen lege ich die Scheu dessen nicht ab, der aus der Welt des Fußballs kommt.

Es gibt diese Restaurants, wo sich der Besitzer mit seinen prominenten Gästen fotografieren lässt und die Bilder dann an die Wand hängt. Ich will keine imaginäre Galerie meiner Begegnungen im Klub. Ja, ich habe mal gegen Joschka Fischer Fußball gespielt, als er noch hessischer Grüner und zwei Fischers war. Doch daraus sind keine gemeinsamen Urlaube entstanden und anschließende Dia-Abende. Michael Schumacher bin ich mehrfach begegnet, weil ich RTL-Sportchef war und er einen Deal mit dem Sender hatte. Mit Henry Maske habe ich zur gleichen Zeit an einigen Abenden nett über das Leben im Bergischen Land geplaudert. Boris Becker ist im privaten Umgang ein freundlicher junger Mann. Zum Glück erinnerte er sich nicht mehr an unser erstes Treffen. Als 17-jähriger Wimbledonsieger kam er mit Bundespräsident von Weizsäcker ins »Aktuelle Sportstudio«, ich war Leiter der Sendung und sagte anschließend zu ihm: »Bleib mal so, wie du bist, sehr erfrischend, junger Freund.«

Nur wenige Begegnungen werden so persönlich wie die im Heidelberger Restaurant von Peter Überle, dem Bruder meines Torhüterfreundes Günter. Dort ging ich mit Sandra und dem gerade erst drei Monate alten Tim essen. Peter führte ein eher handfestes Lokal unten am Neckar, in dem Steffi Graf öfter verkehrt, und zufällig kam sie auch an diesem Abend. »Was machen Sie denn hier?«, sagte sie. Wir kannten uns nicht näher, mit Sandra hatte sie mal gesprochen, als meine Frau noch über Tennis schrieb.

Dann sah sie Tim, nahm ihn und wollte das Kind die nächste halbe Stunde gar nicht mehr loslassen. Sie hatte Spaß an ihm, er an ihr, und sie erzählte, wie sehr sie sich Kinder mit André Agassi wünsche. Es war so ungezwungen und frei, als hätten wir eine Bekannte getroffen und nicht die größte deutsche Tennisspielerin aller Zeiten. Hier sorgte die Mitgliedschaft im Klub der Prominenten für einen freundlich entspannten Moment, und so könnte es von mir aus immer sein.

Trotz eines solchen Erlebnisses bleibt ein Gefühl, in diesen Kreisen nur zu Gast zu sein. So wie vor vielen Jahren, als ich mit Ria zu rauschenden Modepartys eingeladen war. So wie in den Momenten, wenn ich mich am Mikrophon den Schwertschluckern und Feuerspuckern nahe fühle. Auf der Bühne in Marl machte ich es bei meiner Dankesrede kurz. Erfreulich kurz, wie andere sagten. Doch dieses Lob war unberechtigt, in Wirklichkeit wollte ich nur den Betrieb nicht aufhalten.

34 Murmeln für die Zukunft des Fußballs

Wenn ich auf meine Zukunftsvoraussagen zurückschaue, ist mein Blick in die Kristallkugel nicht immer ganz scharf gewesen. Jedenfalls hatte ich prognostiziert, dass eine Europaliga kommen würde. Das ist nicht passiert und zugleich doch eingetreten. Die Champions League ist längst eine Art Liga geworden und zudem der Königswettbewerb. Jeder möchte dabei sein, nicht nur des Geldes wegen. Denn sportlich messen sich hier die besten Fußballspieler auf einem Niveau, das mitunter selbst bei Europa- oder Weltmeisterschaften nicht erreicht wird.

Eine Europaliga im Sinne des Ausbrechens der Topvereine aus ihren nationalen Ligen hingegen wird es nicht geben. Der FC Bayern München wird weiterhin in der Bundesliga spielen müssen, sonst verliert er seine Basis. Das ist inzwischen auch all jenen klar, die es anders gefordert haben. Es ist nicht denkbar, die nationalen Ligen zugunsten der internationalen Wettbewerbe zu verlassen, und niemand in Spanien, Italien oder England plant das noch allen Ernstes.

Die internationale Verzahnung bedeutet aber, dass die großen Klubs in ihren Ligen immer größer werden. So hat sich die Zahl der Mannschaften, die noch Deutscher Meister werden könnten, drastisch reduziert. Einen 1. FC Kaiserslautern etwa, der direkt den Titel holte, nachdem er aus der zweiten Liga aufgestiegen war, werden wir und unsere Kinder nicht mehr erleben. In Spanien, Italien oder England ist es nicht anders. Dort gibt es vier oder fünf Kandidaten, danach klafft ein gähnendes Loch austauschbarer Klubs. In Deutschland gingen in den letzten Jahren Bayern München und Borussia Dortmund voran, es wird Zeit, dass andere nachhaltig mitspielen – ob Hertha BSC, Schalke 04, Bayer Leverkusen, der VfB Stuttgart oder wer auch immer. So sehr die Welten innerhalb der Liga getrennt sind, muss die Zahl der Titelkandidaten doch mindestens bei vier oder fünf liegen. Deutschland ist zu groß, um sich mit einer Situation wie in Schottland zu begnügen, wo nur die Rangers oder Celtic Meister werden und bei den kleinen Klubs das Foto jener Mannschaft an die Wand kommt, die mal ein Saisonspiel gegen die Großen gewonnen hat. Die anderen Vereine werden in der Bundesliga in Zukunft ihre eigenen Meisterschaften austragen oder tun es schon. Bei der einen geht es um die verbleibenden Plätze im UEFA-Cup, bei der anderen um den Kampf gegen den Abstieg. Darüber hinaus ist es – dem Himmel sei Dank – weiterhin möglich, dass an großen Tagen Form Klasse schlägt und sich der FC Bayern in Hannover oder Bochum schwer tut und vielleicht sogar verschluckt.

Für die großen Klubs in Deutschland wird es im internationalen Rahmen noch mehr darauf ankommen, über Tauschobjekte zu verfügen. Wir haben als Kinder mit Murmeln gespielt, und wer die buntesten und schönsten hatte, war ein interessanter Geschäftspartner. So ist es auch heute, da sich das internationale Transfergeschäft trotz einzelner Großinvestitionen immer mehr zu einer Tauschbörse entwickelt hat. Die großen Spieler kursieren zwischen den großen Klubs hin und her, vermeintlich fließt viel Geld, oft aber sind es Geschäfte übers Eck, wo phantastische Summen im Zirkelverfahren verschoben werden – und dann gar nicht bezahlt werden müssen.

Nur haben unsere Klubs dafür lange keine Murmeln in der Tasche gehabt. Bayern München wollte das nicht. Sie haben zwar die Liga leer gekauft und potenziellen Gegnern die besten Spieler weggeholt. Nicht immer die ganz feine Art, aber noch als politisch korrekt darzustellen im Gegensatz zum internationalen Transferirrsinn. Mit der Verpflichtung von Roy Makaay aber sind sie über diese Grenze gegangen und haben sich eines Tauschobjekts bemächtigt, und das war eine richtige Entscheidung. Vielleicht waren diejenigen, die sie aus Karlsruhe oder Leverkusen geholt haben, gar nicht schlechter, aber nur mit den großen internationalen Namen können sie in Zukunft mittauschen.

Borussia Dortmund hatte es vorgemacht, als sie für Rosicky, Koller und Amoroso sehr viel Geld investierten. Murmeln muss man kaufen, ganz selten findet man eine. Auch in Südamerika oder Afrika liegen sie nicht herum;

wenn einer was werden kann, wissen es zehn andere. Nur im eigenen Land können sich Murmeln regelrecht entwickeln, bei Michael Ballack etwa. Aber er ist ein deutscher Junge. Matthias Sammer war eine ganz große Nummer, ging zu Inter und stellte fest, dass er lieber ein deutscher Junge sein möchte, was ja nichts Ehrenrühriges ist.

Für großen Fußball braucht man große Fußballspieler, doch wie selten entspricht das, was wir von ihnen sehen, dem, was sie können. Warum können sie ihre Kunst nicht frei entfalten? Nicht immer liegt das an gegnerischer Manndeckung. Je stärker Fußball zu einem Segment der Unterhaltungsindustrie geworden ist, umso mehr ist der Druck gestiegen. Es ist der Druck wirtschaftlicher Zwänge, der die Beine nicht selten lähmt. Verlorene Spiele sind nicht mehr nur ein Grund, traurig zu sein, sondern stehen oft genug für rote Zahlen und Kursstürze. Nicht-Verlieren ist die Maxime, Gewinnen-Wollen sekundär. Die Kommerzialisierung des Fußballs mag für schöne Stadien, eine perfekte Aufbereitung der Spiele und eine optimale Betreuung des Profis gesorgt haben, doch zugleich ist das ökonomische Gewicht schwerer, als mancher junge Mensch in kurzen Hosen auf dem Rasen tragen kann. Vom Begriff Unterhaltungsindustrie ist oft genug nur Industrie übrig geblieben, und wer die andere Worthälfte einklagt, wird ganz schnell als wirklichkeitsfremder Träumer abgestempelt.

Schon häufig ist geunkt worden, dass der Fußball in Gefahr sei, doch er ist dann unbeeindruckt träge weiter seines Weges gegangen. Hier allerdings baut sich ein wahrhaft bedrohliches Szenario auf, wenn der Fußball von seinem eigenen Gewicht erdrückt wird, wie einst vielleicht die Saurier, bevor sie ausstarben. Fußball muss weiterhin Spaß machen und ein Maß entwickeln, wo Sieg und Niederlage nicht gleich Fragen von wirtschaftlicher Existenz aufwerfen.

Spätestens als sich Real Madrid noch David Beckham dazukaufte und das Wort von den Real Globetrotters die Runde machte, kam es mir wie der ultimative Irrsinn vor. Es schienen keine sportlichen Argumente mehr zu zählen, nur Marketingüberlegungen und die Eroberung neuer Märkte. So viele Stars und so viele Offensivspieler hatte es noch nie in einem Vereinsteam gegeben, wie sollte das funktionieren? Wollten sie ohne ernsthafte Verteidigungsspezialisten antreten? Doch dort, wo scheinbar alles an einen wahnwitzigen Endpunkt geführt wurde, war wieder Platz für anarchisch-kindlichen Spaß am Spiel. Real Madrid produzierte nämlich verrückte Ergebnisse, und die Ergebnisse sahen aus wie zu Zeiten, als es noch elf Freunde waren und das Leder rund. Die Stars dieser Weltauswahl wollten es nicht nur ihren Gegnern zeigen, sondern sich auch gegenseitig. So könnte sich der Overkill als Geniestreich entpuppen. Nur, kopieren kann ihn kein anderer Klub auf der Welt. Alle anderen werden hoffentlich freiwillig oder gezwungenermaßen zur Besinnung kommen und lernen, dass im Unterhaltungsgeschäft beide Worthälften zählen: Unterhalten, dem Publikum Vergnügen bereiten; Geschäfte machen nach alter Kaufmannssitte und nicht wirtschaften wie am Casinotisch.

35 »Papa, guck!«

Warum eigentlich war ich so glücklich, als mir dieser Satz einfiel? Warum werde ich wohl im Ruhestand noch davon sprechen, wenn ich auf meinen besten Moment am Mi-

Tim und Nic – »You'll never walk alone«

krophon angesprochen werde? Warum werde ich bei den Höhepunkten meiner Karriere nicht an den Grimme-Preis denken, den Deutschen Fernsehpreis oder irgendeine andere Auszeichnung? Warum wird mir das Finale der Champions League 2003 in Manchester einfallen? Gerade diese Partie zwischen dem AC Mailand und Juventus Turin, über die ich in den Tagen zuvor nur Verwünschungen murmelnd gesagt hatte, dass es ein furchtbares Fußballspiel würde. Nach Manchester wollte ich nicht und tat es nur laut maulend doch. Am Morgen des Spiels hatte ich geunkt, der Gulag sei im Vergleich zu dem zu erwartenden Kick eine Sommerfrische.

Doch nachdem zehn Minuten gespielt waren, musste ich feststellen: Das ist ein wunderschönes Fußballspiel. Das blieb es zwar nicht bis zum Ende, aber ordentlich war es allemal, und ich machte sauber meine Arbeit bis zur Siegerehrung, wo ich meinen stärksten Augenblick hatte, weil ich plötzlich den entscheidenden Moment des Spiels begriff. Paolo Maldini hatte mit dem AC Mailand den Europapokal der Landesmeister schon vorher dreimal gewonnen, aber bei keinem dieser Endspiele war er Kapitän der Mannschaft gewesen. Er war also nie der Spieler, dem der Pokal übergeben wird und der ihn als Erster herzeigen darf. Anders als sein Vater Cesare Maldini, der genau vierzig Jahre zuvor die Trophäe ebenfalls mit dem AC Mailand geholt hatte. Jeden Tag im Trainingszentrum Milanello war Paolo Maldini am Foto seines Vaters vorbeigekommen, wie er den Pokal hochhielt. Jeden Tag.

Sein Vater, der in Old Trafford auf der Tribüne saß. Sein Vater, den er nie hatte spielen sehen. Sein Vater, der aber sein Trainer gewesen war und sein großes Vorbild.

Paolo Maldini hat als Fußballspieler alles erreicht. Er hat mehr Titel gewonnen und mehr Länderspiele absolviert als Cesare Maldini, und wahrscheinlich ist er auch ein größerer Fußballspieler, als es sein Vater je war. Doch das spielte in diesem Moment keine Rolle. Also sagte ich, als er den Pokal in die Hand bekam: »Sie wissen doch, wie Kinder sind, wenn ihr Vater dabei ist, wie oft sie sagen: ›Papa, guck!‹.« Und als Maldini den Pokal in die Luft reckte, sagte ich zweimal mit großem Nachdruck »Papa, guck!« und finde es so anrührend, dass ich noch heute eine Gänsehaut bekomme, wenn ich mich daran erinnere.

Ich bin anschließend eine ganze Zeit herumgelaufen und habe gegen meine Gewohnheit denen die Geschichte erzählt, die sie nicht gehört hatten. Ich hatte Angst, dass es jemand vielleicht nicht mitgekriegt hätte. Doch es ging mir nicht darum, mit einem schlagenden Beispiel großer Reporterkunst aufzutrumpfen. Nur, worum ging es mir eigentlich?

Ich habe eine ganze Zeit gebraucht, das zu verstehen. Es war kein kalkuliertes Fiedeln auf einer sentimentalen Geige, ich hatte über mich selbst gesprochen. Wenn mir etwas Besonderes gelingt, dann schaue ich nach oben und bedanke mich bei meinem Vater. Ich glaube nämlich, dass er sehr wohl noch ein Auge auf mich hat. Und falls ich mal das Gefühl habe, er schaut woanders hin – sage ich auch nichts anderes als: »Papa, guck! Papa, guck!«